ALSACE-LORRAINE

DU MÊME AUTEUR

LE CULTE DU MOI, trois romans idéologiques

* Sous l'œil des Barbares, 1 vol.
** Un homme libre, 1 vol.
*** Le Jardin de Bérénice, 1 vol.

L'ennemi des Lois, 1 vol.
Du sang, de la volupté, de la mort, 1 vol.
Un amateur d'âmes, 1, vol.
Amori et Dolori Sacrum, 1 vol.
Les amitiés françaises, 1 vol.

LE ROMAN DE L'ÉNERGIE NATIONALE

I. Les Déracinés, 1 vol.
II. L'Appel au Soldat, 1 vol.
III. Leurs Figures, 1 vol.

Scènes et doctrines du Nationalisme, 1 vol.
Pages Lorraines, 1 vol.
Trois stations de psychothérapie, 1 vol.
Toute licence sauf contre l'amour, 1 vol.
Une journée parlementaire, comédie, 1 vol.
Les Lézardes sur la maison, 1 vol.
Ce que j'ai vu à Rennes, 1 vol.
Quelques cadences, 1 vol.
Le voyage à Sparte, 1 vol.
De Hegel aux cantines du nord, 1 vol.
Huit jours chez M. Renan, 1 vol.
Une visite sur un champ de bataille, 1 vol.
La vierge assassinée, 1 vol.
Alsace-Lorraine, 1 vol.
Ce que j'ai vu au temps du Panama, 1 vol.

LES BASTIONS DE L'EST :

Au service de l'Allemagne (récit d'un volontaire alsacien). *Premier épisode.*

Prochainement :

Greco ou le Secret de Tolède.

MAURICE BARRÈS
de l'Académie Française

ALSACE-LORRAINE

PARIS
BIBLIOTHÈQUE INTERNATIONALE D'ÉDITION
E. SANSOT et Cie
53, RUE SAINT-ANDRÉ-DES-ARTS, 53

1906

Windham Press is committed to bringing the lost cultural heritage of ages past into the 21st century through high-quality reproductions of original, classic printed works at affordable prices.

This book has been carefully crafted to utilize the original images of antique books rather than error-prone OCR text. This also preserves the work of the original typesetters of these classics, unknown craftsmen who laid out the text, often by hand, of each and every page you will read. Their subtle art involving judgment and interaction with the text is in many ways superior and more human than the mechanical methods utilized today, and gave each book a unique, hand-crafted feel in its text that connected the reader organically to the art of bindery and book-making.

We think these benefits are worth the occasional imperfection resulting from the age of these books at the time of scanning, and their vintage feel provides a connection to the past that goes beyond the mere words of the text.

As bibliophiles, we are always seeking perfection in our work, so please notify us of any errors in this book by emailing us at corrections@windhampress.com. Our team is motivated to correct errors quickly so future customers are better served. Our mission is to raise the bar of quality for reprinted works by a focus on detail and quality over mass production.

To peruse our catalog of carefully curated classic works, please visit our online store at www.windhampress.com.

ALSACE-LORRAINE

UNE NOUVELLE POSITION DU PROBLÈME ALSACIEN-LORRAIN

L'ALSACE ET LA LORRAINE (1).

Nous allons penser ensemble à l'Alsace et à la Lorraine. Je ne chercherai pas à vous émouvoir par des sensibleries qui sentent l'esthétique de café-concert et qui, trop souvent, déshonorèrent ce grave thème national ; je me propose de vous mettre devant des réalités.

Si nous pouvons, sans déclamation, comprendre ce soir l'état des choses en Alsace-Lorraine, nous aurons sensiblement grandi en dignité intellectuelle et fortifié notre jugement social.

Je ne comprends pas que des Fran-

---

(1) Conférence faite à la « Patrie française » en décembre 1899.

çais puissent écrire comme un reproche: « Vous restez hypnotisés par la trouée des Vosges. » Il y a, épars à travers la France, des milliers d'Alsaciens et de Lorrains arrachés tragiquement de leur terre ; il y a, sur le sol annexé, une population encore unie à la France par des liens moraux dont une administration brutale s'acharne à détruire les fibres. La question d'Alsace-Lorraine n'est pas le système de quelques patriotes, une vue de l'esprit: elle est un fait, une plaie. Et quand on vous dit que cette plaie est fermée, on vous trompe pour faire le jeu de l'empereur allemand et pour lui permettre d'écarter l'Alsace et la Lorraine des négociations qu'il rêve peut-être d'ouvrir avec nous.

Allons à Metz, messieurs : quel silence! quel enchevêtrement de lignes stratégiques et de travaux d'art sur un sol bosselé encore par les tombes de 1870 ! La Lorraine messine n'est plus qu'un glacis. J'ai vu la campagne de Rome et ses fièvres, les marécages de Ravenne où siffle la vipère, la plaine du Maroc qu'empoisonnent des charognes abandonnées, les sierras de Castille systématiquement dénudées de leurs arbres; rien d'aussi triste pour un Lorrain, fils de Lorrains, que ce qu'ils ont fait de la vallée mosellane à Metz.

Les Allemands, qui brûlèrent, rebâtirent avec magnificence des quartiers de Strasbourg, n'ont ici rien modifié. Metz, une fois franchis les travaux qui l'enserrent, apparaît dans sa servitude identique à elle-même. Elle émeut d'autant plus, esclave qui garde les traits et l'allure que ses amis et ses fils aimaient chez la femme libre. La reconnaissant encore française, lorraine et messine, nous sentons, avec une vivacité qui nous trouble, une nuée d'impressions se lever des uniformes, des visages prussiens, des inscriptions officielles. Tout signifie clairement que nous sommes des vaincus chassés et, désormais, des étrangers suspects. S'il vous est arrivé de passer, après des années, devant l'appartement où vous vécûtes, avec vos parents, votre petite enfance heureuse, et si vous avez donné suite à la pensée qui certainement vous vint de visiter ces chambres, occupées maintenant par des inconnus, vous les avez traversées avec cette contrainte, ce malaise qu'éprouvent des Lorrains revenant dans leur ville de naissance, et comme eux vous disiez : « Quoi ! c'était si petit, l'endroit où je place des souvenirs si nombreux et si grands ? »

Tout l'univers, gêné par cette ville, s'étonnerait de la voir basse et resserrée, avec ses rues étroites et cerclées par l'ancien système de ses murailles françaises, comme un vieux bijou mérovingien monté sur fer.

Les femmes de Metz touchent par une délicatesse, une douceur infinie, plutôt que par la beauté. Leur image, quand elles parcourent les rues étroites, pareilles aux corridors d'une maison de famille, s'harmonise au sentiment que communique toute cette Lorraine opprimée et fidèle. Quelque chose d'écrasé, mais qui éveille la tendresse ; pas de révolte, pas d'esclaves frémissantes sous le maître, mais l'attente quand même, le regard et le cœur tout entier vers la France. Avec cela, un parfum, une manière vieille province. Depuis 1870, la France a reçu des transformations profondes, mais ici, où ne sont restées que les classes moyennes, et dans des conditions qui les soustraient à l'influence de Paris comme à celle des centres allemands, on trouve cette douceur et ce calme que l'imagination prête aux temps passés.

Les anciens Lorrains sont détachés de tous intérêts vivants : pour le commerce, les troupes se fournissant dans des coopératives ne peuvent être d'aucun profit ; la vie intellectuelle est abolie ; la colonie française s'est jetée dans la piété, parce que l'évêque fit d'abord le centre de la résistance, parce que c'est une opposition à l'Empire protestant, parce que chacun se sentant accablé, replié sur soi-même, trouve devant les autels espoir et consolation et que les appels à l'infini soustraient le cœur à l'écrasement de cette ville conquise.

Cette Metz charmante, c'est le château de la Belle-au-bois-dormant ; c'est plus exactement et plus tragiquement une caserne dans un sépulcre.

Des Parisiens, souvent, viennent à Strasbourg. Ils se font guider par un cocher, ou même par un Allemand à qui on les a recommandés. A leur retour, parce qu'ils n'ont pas su voir la vérité sous les apparences, et qu'ils ont accepté sans contrôle des récits intéressés, ils racontent de bonne foi que les Strasbourgeois sont devenus Allemands.

Permettez-moi de vous dire des choses minutieuses. Ces mauvais voyageurs rapportent que toutes les enseignes des magasins sont en allemand. Eh bien ! avant de rien conclure de ce fait, il faut savoir que les Allemands ne se contentent pas de bannir la langue française de l'école, de la justice et des administrations, mais qu'ils interdisent l'emploi des étiquettes, des enseignes françaises et imposent à toutes les marchandises un nom germanique. Ces voyageurs superficiels s'appuient aussi sur des propos qu'ils ont entendus dans les lieux publics, ou sur le silence que des voisins de hasard en chemin de fer, au restaurant, à la brasserie, ont opposé à leurs paroles ardentes. Mais il faut connaître le système d'espionnage et d'agents provocateurs qui explique la défiance des annexés après tant d'années de mesures brutales, de vexations, de contrariétés et de dénonciations sans nombre. Beaucoup d'Allemands parlent le dialecte alsacien et le français, aussi les indigènes sont-ils circonspects et refusent de lier conversation avec un inconnu, quel que soit son accent. Ce n'est qu'après avoir reçu des gages sérieux qu'ils se laissent aller, peu à peu, à découvrir leurs sentiments intimes.

Les mêmes esprits légers, mal informés, argumentent sur ce que la population parle allemand et non pas français. Mais aujourd'hui, en Alsace, les indigènes savent plus de français qu'avant la guerre, ce qui s'explique parce que les hommes qui avaient dix ans en 1870 avaient tous appris le français que souvent ignoraient leurs pères. Ceux-ci parlaient leur dialecte, par laisser-aller et parce que la France tolérante ne songeait pas à l'interdire. Depuis 1870, les Alsaciens reviennent au français par esprit de protestation. N'en savent-ils que trois mots, ils les placent. Le français est devenu la langue « aristocratique » et doit distinguer des Allemands. On vit des pères de famille, des ouvriers gagnant 150 francs par mois, se saigner pour arriver à payer des leçons. A table, il était défendu de parler patois sous peine d'être privé de dessert, etc., etc. Les Allemands, un beau jour, interdirent à tout individu des deux sexes n'ayant pas son *diplôme allemand* de donner des leçons particulières. Des centaines de pauvres professeurs et institutrices furent mis sur le pavé et encore aujourd'hui ils forment une classe particulière d'indigents, soutenus quelquefois par leurs anciens élèves. Depuis ce temps ce sont les parents qui les remplacent, et dans les familles, le soir après dîner, il n'est pas rare de voir le pauvre employé, le contremaître, le petit commerçant, malgré la fatigue de la journée, s'ingénier à faire saisir à ses enfants les difficultés de notre grammaire.

La principale préoccupation de l'administrateur allemand, c'est de convaincre l'étranger et surtout les Français que l'Alsace et la Lorraine se germanisent. La phrase qui revient toujours, c'est : « Surtout tâchez que la presse française n'en parle pas. » Ne fût-ce qu'un vernis, on veut étendre sur les choses et les gens « un vernis germanique ».

Pour connaître l'état vrai, il ne faut

pas un voyageur rapide qui erre avec son cocher le plus souvent allemand, ou avec un homme aimable, directement préoccupé de nous dégoûter de nos anciennes provinces; il serait préférable de circuler sans guide, et de bien ouvrir les yeux en usant de son propre bon sens.

Entrez par exemple au cimetière Sainte-Hélène Voici la tombe du dernier maire français de Strasbourg, M. Küss, mort à Bordeaux, frappé au cœur, peu de jours après la cession du pays qu'il représentait à l'Assemblée. Et quinze mètres plus loin est enterrée la femme du premier maire français, Dietrich — enseveli, lui, au Petit-Picpus de Paris, avec des guillotinés — chez qui est née la *Marseillaise*. Le premier, le dernier ! Et dans cet étroit espace, où la destinée de ce pays s'affirme d'une façon si saisissante, associée aux vicissitudes françaises, combien de tombes d'officiers français ! Eh bien, regardez si elles sont soignées et comment elles le sont. Les Allemands, toujours préoccupés de servir l'honneur militaire, qui est un des fondements de leur empire, entretiennent les monuments funéraires, aussi bien de nos soldats que des leurs; il suffit de les signaler aux autorités. Mais les Strasbourgeois n'ont pas voulu recourir à des soins étrangers. Ils protègent d'une

grille basse, ils plantent de lierre la
terre où reposent nos morts abandonnés;
ils les fleurissent de chrysanthèmes à
la Toussaint. Humble sollicitude, qu'ils
s'appliquent à vouloir modeste, pour
laisser tout leur deuil à ces ensevelis
dans l'exil. Pourquoi sur cette tombe
une croix brisée ? N'y voyez pas une
négligence, mais devinez avec votre
cœur ce que vous dirait le Strasbourgeois : « Elle fut brisée par un obus du
siège; nous avons voulu laisser à ce soldat sa suprême blessure. » Nulle inscription tombale en français. C'est que
les Allemands les interdisent. Libre à
qui passe rapide devant ces pierres
vieillissantes de croire à l'indifférence
et à l'oubli des cœurs ; mieux averti, il
reconnaîtrait la plus touchante piété
pour les moindres souvenirs de l'époque
française.

En vérité, n'est-il pas triste de voir
des Français croire au progrès de la germanisation, alors que l'Allemagne reproche à tout moment aux Alsaciens
d'être d'intraitables « têtes françaises »
(*Franzosenkœpfe*) qu'on ne peut gouverner qu'avec le fouet ! Si les vainqueurs avaient réussi dans leurs efforts,
pourquoi maintiendraient ils la dicta-
ture et les lois d'exception ? Pourquoi
garderaient-ils encore l'état de siège ?
Pourquoi cette guerre féroce à la lan-

gue, aux habitudes, à tout ce qui est
d'essence française ? Pourquoi surtout
la mesure des passeports, qui est plus
qu'une guerre à la langue, une guerre
audacieuse aux Français ? Singulière
administration qui, ayant transformé les
Alsaciens en loyaux Allemands, les traiterait encore en prisonniers de guerre !

Et toujours pourtant l'incurable esprit
superficiel du touriste français se laisse
tromper par les couleurs rouge, blanche
et noire, dont la violence affuble cette
terre française.

LE DÉVELOPPEMENT DES AMES ALSACIENNES
ET LORRAINES DEPUIS 1871.

1° *La période héroïque.*—Nous venons
d'esquisser l'état des choses. Tâchons
maintenant de les comprendre dans leur
développement. Quelle fut l'évolution
morale de ces provinces ? Qu'est-il
advenu de leur nationalité depuis qu'elles ont été brutalement détachées de
notre pays?

Dans les premiers temps, sous la douleur de la déchirure, l'Alsace et la Lorraine se cabrèrent furieuses et épouvantées. Ce fut la période *héroïque* et
de *protestation*.

L'expression complète et le dernier
effort de cette période héroïque furent
fournis dans l'année 1887, quand les

quinze candidats protestataires furent élus. Et, de ces élections, la plus extraordinaire, celle du Dr Siffermann à Obernai, est demeurée légendaire dans la région de l'Est.

On devait voter le lundi; le jeudi, on manquait encore de candidat. Après une dernière journée de vaines démarches, dans la nuit du jeudi au vendredi, les patriotes décidèrent, par leurs instances, le Dr Siffermann, le fameux directeur des bains de Benfeld. Le vendredi matin, il partit pour Strasbourg avec sa profession de foi. Deux imprimeurs alsaciens la lui refusèrent, prévenus par la police que leurs maisons seraient fermées. On conseilla à Siffermann de s'adresser à un Allemand qui, tenté par l'argent, accepta. Le samedi matin, un télégramme arrivait à Benfeld : « Mes opinions personnelles ne me permettent pas de vous imprimer. » Le docteur accourut, il vit ses affiches toutes prêtes ; on refusa de les lui livrer. Il avait encore à déposer sa déclaration de candidature chez le procureur. Celui-ci lui dit : « Ecoutez-moi bien ; si vous prononcez dans vos affiches le mot « France »; je vous ferai immédiatement arrêter. » Siffermann riait. — « Qu'est-ce qui vous égaie ? »
— « Mais vous avez arrangé les choses

pour que je n'aie pas d'affiches. » — « Ah ! dit l'Allemand fort réjoui, vous avez vu cela ? » et, comme Siffermann revenait à sa déclaration, il tomba de son haut : « Vous vous présentez quand même ? » Siffermann ne publia aucune profession de foi. Il lui restait deux nuits et un dimanche. Ses amis, tout prêts à voter pour lui, n'osaient pas le servir. On se contenta dans la nuit de jeter sous les portes des paquets de bulletins à son nom. Il obtint 15,000 voix contre 6,000.

C'était le temps où le général Boulanger relevait en France le pompon du soldat. Une de ces fièvres françaises qui, à tant d'époques, firent le salut de notre pays, allait avorter en boulangisme ; elle propageait ses ardents frissons jusque chez nos frères annexés. Les Allemands discernaient tant de haine dans le regard de leurs vaincus que, la nuit, ils se barricadaient dans leurs demeures ; ils étaient si certains de la guerre qu'un grand nombre d'entre eux avaient fait leurs malles. Nulle part la fièvre boulangiste ne fut plus forte qu'en Alsace. Hélas ! Boulanger disparut de la scène.

Au Reichstag, que pouvaient faire les protestataires ? Un Siffermann ne parle même pas l'allemand d'Allemagne : les quinze protestataires siègent avec les Danois et à côté de Bebel. Ils n'ont rien de commun avec les Allemands et ne peuvent s'entendre avec eux sur aucun point, même en dehors de la politique. Alors, et très vite, ils se disent : « Pourquoi détruire notre vie ? » Les électeurs se demandent : « A quoi bon ? Il faut continuer à travailler, à nourrir notre famille. » Siffermann, aujourd'hui, ne fait plus de politique.

La France n'avait pas voulu du système héroïque (boulangisme) : les Alsaciens-Lorrains durent bien y renoncer. Ces espoirs tant de fois exaltés et déçus ont montré aux annexés que la voie à choisir était celle de la protestation légale. La généreuse Alsace a fini par se dire : « Ce serait un mal de se battre avant la réorganisation de la France. » Une nouvelle génération apparut, inaugurant un système nouveau.

2° *La période de la résistance légale*. En 1871, les Alsaciens-Lorrains ne savaient pas ce qu'étaient ces vainqueurs vociférants. Ils s'intimidaient ou s'affolaient de fureur ; leur violence se doublait d'inexpérience. Depuis trente ans ils ont été élevés à côté des jeunes Allemands. Ils ne sont plus dans l'état de leurs pères. Cette fureur qui animait les Alsaciens-Lorrains contre les Allemands, dans les années qui suivirent la guerre, c'était une juste colère de Français livrés à l'ennemi, mais c'était aussi l'irritation de gens qui ne connaissent ni le code, ni les mœurs, ni les passions de leurs maîtres et qui ne savaient comment s'organiser un mode de vie. En même temps que le caractère des vainqueurs, les fils des annexés ont appris les lois. Ils ont des avocats. Pourquoi recourir à la violence tant que le moment ne sera pas venu ? Ils ont pris conscience de leur supériorité intellectuelle sur les jeunes gens de civilisation allemande. Cette supériorité se témoigne dans la société, où le ton est donné par les mœurs françaises, et aussi dans l'Université, où les étudiants alsaciens passent leurs examens beaucoup plus brillamment que les jeunes Allemands. Ils peuvent faire sur tous les terrains une résistance légale qui servira leurs intérêts, nos intérêts, et maintiendra d'une façon utile en Alsace-Lorraine l'élément français.

Le *système de la protestation* a fait place, dans l'ordre politique, au *système de la résistance légale*. Les annexés ont pris une position de réserve : la force des choses les empêche d'être Français, leur constitution propre les empêche d'être Allemands ; ils se déclarent Alsaciens et ils s'arrangent pour résister avec les mêmes moyens que les Allemands des partis d'opposition.

Quelles sont donc, aujourd'hui, les conditions de vie dans les provinces annexées ?

Dans les premières années de l'annexion, l'agriculture, jadis si florissante, tomba, et surtout le tabac, la vigne et le houblon, sources d'importants revenus, devinrent d'un minime profit. La valeur du sol baissa avec les intérêts. Aujourd'hui même, si l'agriculture s'est un peu relevée, que de terres en friches et de villages dépeuplés, dans la Lorraine surtout, appauvrie par l'émigration !

L'industrie alsacienne s'est vue demi-ruinée au début par le changement de régime, les nouveaux besoins commerciaux, la brusque interruption des relations d'affaires et des débouchés. Elle ne s'en remit que lentement. L'Allemagne s'est efforcée de ruiner l'industrie textile alsacienne pour favoriser l'essor de la sienne propre. Et, disons-le en passant, bien que le protectionnisme français fasse un tort énorme à l'industrie alsacienne, il n'y a pas eu d'irritation de nos anciens compatriotes, mais c'eût été la mort par étranglement, si l'Alsace ne se fût pas mise en relations commerciales avec l'Allemagne.

Après la situation matérielle, examinons les choses de l'intelligence. Qu'est devenue la culture des annexés ? Ont-ils gardé les habitudes d'esprit françaises, ou bien ont-ils adopté le goût, les manières de penser et de juger de leurs vainqueurs ?

Un phénomène, tout d'abord, doit retenir notre attention. Si l'Alsace, pendant un siècle, fut pour la France le chemin des idées allemandes et une espèce de foyer où les grands maîtres de la pensée française, allaient s'initier à la culture germanique, nous voyons aujourd'hui que les Allemands immigrés sont séduits par le charme féminin de la civilisation française. par ce je ne sais quoi, par ce don de plaire qui a toujours été le propre de notre pays.

On rencontre à Strasbourg des Allemands cultivés pour qui rien n'est beau, rien n'est à la mode que ce qui est français.

Grande vérité sur laquelle il convient de méditer : *l'Alsace-Lorraine est aujourd'hui devenue un moyen de pénétration pour les idées françaises en Allemagne.* Nos vainqueurs ont pu s'attribuer politiquement un territoire et des contribuables, et cette situation ne changera que par des moyens militaires et politiques ; mais pour l'art, les mœurs, la culture, bien loin que l'Alsace-Lorraine soit devenue allemande, il se produit ceci, qu'un étudiant, un officier allemand ne veulent pas revenir de Strasbourg ou de Metz, sans avoir appris le français et les manières « de Paris ».

Voilà, à l'heure qu'il est, le service que nous rendent nos frères d'Alsace-Lorraine. Dans l'Empire d'Allemagne ils ont introduit des idées et des goûts français : un peu de France, en un mot. Au rapt du sol par la violence, ils ont répondu par une lente et sûre conquête morale. Séparés de nous, ils travaillent pourtant encore à fortifier et à étendre notre domination intellectuelle.

Aussi bien, c'est une bonne œuvre française de maintenir les Alsaciens dans ce courant d'idées. Ils font en Allemagne la besogne que la ligue de l'*Alliance française* se propose dans l'univers.

« Français ne puis, Allemand ne daigne, Alsacien suis », telle doit être la devise de l'Alsace. L'Alsacien tend à se maintenir comme Alsacien. Et n'allons point imaginer que c'est un système volontaire, arrêté par l'entente de quelques tacticiens. Dans cette langue de terre entre le Rhin et les Vosges, il y eut toujours une manière d'être particulière, une nationalité.

Si nous parlions d'art, je vous rappellerais que toutes les formes qui pénétrèrent en Alsace s'y différencièrent. Pourvoir du sublime, allez dans la sacristie de l'église Saint-Martin à Colmar, admirer la *Vierge aux Roses*, de Schongauer. (Je n'essayerai point, dans cette conférence, de dépeindre cette heureuse et touchante beauté, car les chefs-d'œuvre de l'art risquent, sinon d'efféminer les âmes, du moins de les distraire des soucis positifs.) Mais c'est dans toutes les formes de l'activité que ces nuances alsaciennes s'accusent vivement. Il est reconnu, par les historiens, que des familles alsaciennes après l'annexion à la France, se cantonnèrent dans leur tradition, dans une sorte de particularisme moral. On sait que l'Allemagne n'est pas un bloc homogène ; il y a une différence très sensible entre un Badois, un Bavarois, un Wurtembergois et un Prussien, eh bien, entre celui-ci et l'Alsacien, la différence est plus grande encore, car au particularisme alsacien se joint une longue culture française.

Les gens d'Alsace ne sont pas des Allemands, mais des Alsaciens-Lorrains. Je veux dire qu'ils pensent et agissent en Alsaciens cultivés à la française. Ils sentent ne pas pouvoir vivre s'ils cessent de se donner la culture qui les fit tels qu'ils sont. Ils participaient d'une certaine culture allemande, celle-là qu'aimèrent les Michelet, les Renan, les Taine, qui la connurent par les théologiens de Strasbourg. Mais ils demeuraient absolument réfractaires à la discipline donnée par la Prusse à l'Allemagne et qui fait l'esprit allemand actuel. Après la guerre, ils éprouvèrent une véritable stupeur devant les caractères réels de la prussification. Elle révolte les Allemands eux-mêmes qui lui attribuent hautement la décapitation de leur littérature et de leurs arts.

Saxons, Bavarois, Hanovriens protestent, mais avec une bien plus faible énergie que l'Alsacien. Et ce dernier, replié sur lui-même, bloqué entre la France et l'Allemagne, se retrouve tel que ses aïeux et sa terre tendent à le créer.

Les Alsaciens-Lorrains commencent à trouver intolérable la situation d'exception qui leur est faite. La nouvelle nationalité politique à laquelle le traité de Francfort les a contraints confère tous les devoirs, mais n'accorde que des droits chétifs. L'Alsace-Lorraine est devenue *une province annexée*, mais non point *un pays confédéré*. Il n'y a pas de pouvoir d'Etat particulier: par conséquent pas de nationalité alsacienne-lorraine reconnue, et nul droit national alsacien-lorrain.

L'Alsace-Lorraine réclame aujourd'hui son autonomie au même titre que les autres Etats de l'Empire. Elle veut être mise sur un pied d'égalité avec eux et ne plus dépendre d'eux tous. En un mot, les Alsaciens veulent être chez eux comme les Bavarois, les Saxons, les Badois sont chez eux. Et quel juste argument pourrait, d'Allemagne même s'élever contre une prétention aussi légitime?

LES CHANCES DE LA GERMANISATION.

Ce qu'a entrepris, dans ces dernières années, l'Alsace-Lorraine, ce n'est pas une conciliation, c'est une concurrence avec les Allemands. La lutte, continuée sous sa forme héroïque, décimait et ruinait les annexés. L'émigration les dépouillait de leurs éléments jeunes, indépendants, courageux et aptes à la résistance. Les vides laissés favorisaient l'immigration et par conséquent les conquêtes de l'esprit allemand. Une armée d'employés, de petits industriels et de petits commerçants vinrent d'outre-Rhin remplacer les partants. De la seule Alsace, c'est-à-dire d'une population d'un million quatre-vingt-dix mille habitants, trois cent mille indigènes ont émigré de 1871 à 1890. Les notaires en Allemagne sont des fonctionnaires. Après l'annexion, ceux d'Alsace-Lorraine envoyèrent une délégation à M. Thiers pour lui demander conseil : « Accepter ou émigrer ? » Il répondit : « Restez. » Il avait raison. Les Alsaciens-Lorrains le reconnaissent aujourd'hui. L'émigration en masse a littéralement appauvri le sang alsacien. Ce sont surtout les familles riches, celles qui détenaient la culture, qui quittèrent le sol ; la force de résistance en fut dangereusement atteinte. En effet, ceux qui capitulent devant les avances du gouvernement allemand le font pour trouver une place, un morceau de pain. Les émigrants allemands profitent de l'abandon des situations prépondérantes, industrielles, commerciales et autres pour s'en emparer peu à peu. Il tend à se former une classe de notables allemands. Faudra-t-il qu'apparaisse une classe aristocratique allemande et que les indigènes soient réduits à l'état de caste inférieure, de parias ? La génération actuelle se révolte là contre ; sur tous les points du pays on sent de jeunes énergies grandir: la lutte recommence, non pas sournoise ou héroïque, mais diplomatique et légale.

Abandonnée dans l'ordre politique et comme méthode de résistance organisée, la protestation ne perd rien de sa vigueur dans les consciences. L'Alsace et la Lorraine ont vécu de la vie de la France dans les bons et mauvais jours, et, bien qu'elles se troublent parfois devant nos divisions, il y a peut-être à cette heure plus de cœurs chez elles que chez nous pour garder une invincible foi dans l'avenir. Seule la diminution même de la France diminuerait ce sentiment intime qui ne serait ruiné qu'avec notre ruine.

Tant qu'il existera là-bas un descendant des indigènes, il se réclamera du droit des peuples et affirmera qu'il appartient aux seuls Alsaciens-Lorrains de disposer d'eux-mêmes.

Et puis, en vingt-cinq ans, l'Allemagne n'a pas su se faire aimer. La France, même malheureuse, inspire de l'amour.

On n'estimera jamais assez l'héroïsme de ces annexés. Pensez au médecin qui se passe de la vaste clientèle des immigrés, au boulanger chez qui la domestique de l'officier vient dire : « Nous ne nous fournirons plus chez vous si vous ne mettez pas le drapeau aux anniversaires. » Des jeunes Alsaciens-Lorrains qui font leur volontariat allemand, pas un qui consente à être officier, parce qu'il serait forcément en contact avec les Prussiens et resterait à la disposition de l'autorité militaire :

ils acceptent d'être suspects et renoncent à tout emploi d'Etat. Des bandes immenses passent la frontière chaque fois qu'il y a des revues à proximité sur le territoire français. Des milliers et des milliers viennent fêter leur 14 juillet en France. Le gendarme prend leurs noms : « Ah ! vous êtes ferblantier, vous habitez tel village ? eh bien ! on vous repincera. » Dans l'intérieur du petit bourgeois alsacien-lorrain on célèbre la fête nationale mieux que chez nous : gâteaux, bouteilles, petits drapeaux tricolores, cocardes, tour Eiffel apportées de France.

Vous pourrez lire dans le *Temps*, au printemps et à l'automne, le relevé des condamnations prononcées dans les tribunaux d'Alsace-Lorraine, contre les conscrits qui viennent s'engager avec les nôtres. De 1870 à 1890, on a compté 220,000 réfractaires. Et maintenant encore, bien que le système de l'émigration soit condamné par la haute raison des indigènes, une moyenne de 5,000 jeunes gens, chaque année, ne peuvent prendre sur eux de servir l'Allemagne et passent la frontière.

A quelles difficultés pourtant ces réfractaires se livrent de leur plein gré ! Et d'abord, en France, comment les traitons-nous ? On doit à M. Emile Keller une loi de juillet 1889 qui permet aux jeunes Alsaciens-Lorrains de recouvrer, par une simple déclaration, leur nationalité française et d'entrer dans nos régiments et dans nos Ecoles militaires. Mais personne, dans le gouvernement, ne s'est préoccupé de l'application de cette loi qu'on a obtenue très difficilement et sur laquelle on fait le silence le plus complet. Les jeunes annexés ne savent même pas qu'elle existe ; ils arrivent dans nos bureaux de recrutement sans être munis des papiers exigés, et l'on trouve commode de les enrôler dans la Légion étrangère et de les envoyer mourir ou perdre la santé au Tonkin, à Madagascar. Les Allemands exploitent notre maladresse. Dans les villages, ils ont beau jeu à gouailler : « Si vous passez en France, on vous enverra périr des fièvres. » Les décès sont toujours soigneusement relatés et commentés par les journaux allemands.

Malgré leurs déboires et les obstacles de toute sorte, ces jeunes gens aiment mieux affronter toutes ces misères, si bien dépeintes par les journaux allemands et en partie réelles, que de faire en Allemagne un service moins pénible, moins long et suivi d'un tranquille retour au pays.

Jamais, jamais on n'a entendu un seul de ces jeunes gens se plaindre de la France, et ceux qui, dégoûtés, déçus, tourmentés par la nostalgie, reviennent au pays endosser l'uniforme allemand après avoir porté le français vantent encore à leurs camarades la douce France.

Quelques indigènes ont invoqué une raison tirée du profond de leur être, disent-ils, pour accepter la nouvelle situation politique faite à l'Alsace-Lorraine par le traité de Francfort. M. Zorn de Bulach a coutume de dire : « Que voulez-vous ? Je suis un féodal ; ma famille a toujours joué un rôle sur cette terre d'Alsace ; je ne pouvais pas me résoudre à n'y rien être. Je suis les destinées de ma terre. » Un journal allemand a répliqué par la phrase suivante dont nous nous contenterons : « Il n'y a en Alsace qu'une seule catégorie de citoyens que nous puissions respecter : ceux qui se renferment dans la résignation et le silence ; tout le reste n'est qu'hypocrisie ou politique de courtisan. » Et sans vérifier la sincérité des Zorn de Bulach, nous dirons que leur conscience, si c'est elle qui parle, est tout exceptionnelle en Alsace. La conscience collective de ce peuple se fait connaître par des traits bien différents de ces déchéances individuelles.

Voyez l'exemple de cette femme qui

mourait à l'hôpital. Elle demanda à voir son fils, soldat en France et clairon. Il vint et elle dit :

— Je voudrais tant l'entendre jouer de sa trompette !

L'interne, après avoir hésité, accorda à la moribonde sa dernière fantaisie. Le fils se procura une trompette et il joua avec entrain : « Y a d'la goutte à boir' là-haut... La mont'ras-tu la côte... ? » C'était un très beau garçon. Elle le regardait doucement et elle mourut.

Voilà de l'amour et avec lui collabore la haine. Au cimetière de Raon-lès-Leau, dernier village français sur la route du Donon, j'ai copié l'inscription suivante : « Le 24 septembre 1887, deux Français, de Wangen, officier de dragons, et J.-B. Brignon, citoyen de Raon, ont été, l'un blessé grièvement, l'autre tué sur le territoire de Vexaincourt par le soldat allemand Kauffmann. » A deux kilomètres de là, on m'a montré la maison forestière où l'assassin était garde en 1887.

— Qu'est-il devenu ? ai-je dit.

— Un grand propriétaire lui a fait une belle situation en Poméranie.

Tournons-nous maintenant vers les intellectuels. Chaque année, les jeunes étudiants alsaciens-lorrains se réunissent en un banquet d'où les éléments suspects sont longtemps d'avance exclus avec soin ; ils sont là cent cinquante à deux cents. Un petit orchestre est composé d'étudiants ; on représente des saynètes, on dit des monologues, interrompus par des chœurs. On distribue un programme illustré en français, et puis un recueil de chansons imprimé aux frais des étudiants. Voici quelques titres : les *Gueux*, de Béranger ; les *Volontaires*, de Métra ; le *Père la Victoire*, la *Marche Lorraine*, etc. Les toasts et les discours encouragent les camarades à devenir bons Alsaciens et parlent de la France en termes voilés. Vers une heure du matin on se lève de table, et tous les cent cinquante en file indienne, par de petites ruelles écartées, sans bruit, se dirigent vers la place Kléber ; arrivés près de la statue, ils se découvrent et silencieusement, la tête nue, les yeux dirigés sur Kléber, défilent trois fois autour de la statue. Et voyez la puissance de ce symbole sur leurs esprits : la police les suit et les surveille ; au moindre cri, elle interviendrait. Eh bien ! malgré les libations et la gaieté bruyante de tout à l'heure, pas une exclamation ne vient troubler le silence et, quand ils se séparent, leurs mains dans l'ombre se serrent avec force. Voilà trente ans que cette cérémonie intime se reproduit chaque année. Et notez que ces jeunes gens, qui n'ont que dix-huit à vingt ans au plus, sont tous nés après quelques années de régime allemand.

Les Alsaciens-Lorrains, politiquement séparés de la France, se sont maintenus attachés à elle par un lien moral. Et nous aussi nous devons travailler à cela: les maintenir dans la conscience française.

Notre devoir, c'est de fortifier la France ; peu importe le temps : ce n'est pas un élément qui compte dans la vie des peuples. Si vous créez une force, elle développera dans un délai quelconque tout ce qu'elle porte en elle. Si vous créez une France armée et organisée, vous pouvez être certains que de l'autre côté de la frontière, à l'instant que la politique aura choisi comme favorable, on entendra un immense cri d'amour s'élever vers la France faisant le geste béni d'appel.

Quant à nous, il y a un devoir où nous devons persévérer utilement pour les annexés : c'est de développer et d'éclairer la conscience française, *de la fonder sur la terre et les morts*. Dans cette harmonie qui s'appelle la France, gardons sa place à la voix de l'Alsace et de la Lorraine. Il faut que nous continuions, malgré l'accident de 70-71, à considérer ces deux provinces comme des parties de l'organisme français. Nous

devons les écouter et le leur faire savoir.
Il faut que les Alsaciens-Lorrains continuent à être ce qu'ils étaient au lendemain de la guerre : des favoris du peuple français.

LA MAGNIFIQUE ALSACE, TOUJOURS PAREILLE ET TOUJOURS DIVERSE

L'étranger qui parcourt la plaine d'Alsace, entre Mulhouse et Saverne, instinctivement tourne ses yeux vers les innombrables châteaux du Moyen-âge qui, par-dessus la chaîne basse des vignobles, hérissent les sommets des Vosges. Pour un indigène, ces ruines sont mieux que pittoresques ; elles sont des points de sensibilité. Peut-être l'Alsacien respecte-t-il, sans le connaître clairement, le rôle qu'eurent ses burgs dans sa vie sociale. Et puis on montait là-haut quand on était petit; les parents, les grands-parents y montèrent et, dans chaque famille, des souvenirs heureux ou malheureux, fiançailles, mariages, naissances ou morts, se conservent liés à l'un ou l'autre de ces sites. Entre tous, la montagne de Sainte-Odile avec ses nombreux châteaux, ses souvenirs druidiques ou romains et son couvent, est le plus mémorable.

Vu de la plaine, le couvent de Sainte-Odile semble une petite couronne de vieilles pierres sur la cime des futaies. Il occupe au sommet de la montagne un énorme rocher coupé à pic vers l'Est, accessible d'un seul côté et qui surplombe trois précipices de forêts. Sans doute on trouve dans les Vosges des sites également pittoresques, mais celui-ci suscite la vénération! Sainte-Odile, depuis douze siècles, demeure la patronne de l'Alsace ; sa montagne est, avec la cathédrale de Strasbourg le plus fameux monument du pays ; et, si l'on veut prendre en considération que son mystérieux « mur païen » fut construit par une peuplade qui venait de bâtir Metz, on admettra qu'elle préside l'ensemble du territoire annexé. Aussi, vers l'automne de 1903, quand il me fut permis de revenir en Alsace et de reprendre mon travail sur le pays annexé, je ne pensai point que je pusse trouver une retraite plus convenable pour mettre en œuvre mes notes de Lindre-Basse et de Strasbourg.

J'avais recueilli des documents qui nous montrent notre génie français et latin refoulé par le génie germanique ; j'étais préoccupé d'en tirer une moralité alsacienne et lorraine. Pour juger des institutions allemandes en Alsace et en Lorraine, il faut d'abord que nous nous fixions dans un parti-pris sur le rôle historique de ces deux marches de l'Est ; il faut que nous reconnaissions ce que cette vallée rhénane renferme de permanent et qu'il s'agit de maintenir. Sainte-Odile est le vrai sommet d'où sentir et comprendre avec amitié la continuité de l'Alsace et du pays messin.

Comment saurais-je rendre sensibles la solitude, les plaisirs et la musique d'un long automne à Sainte-Odile ?

C'est avec amour et confiance qu'à chaque visite je me promène sur la forte montagne. Il n'en va pas de même ailleurs. Ailleurs, qu'un oiseau donne un coup de sifflet, qu'autour de moi les mouches accentuent leur bourdonnement, que les aiguilles des sapins miroitent au soleil, c'en est assez, ma vie fermente, je souffre d'une sorte d'exil : je regrette ma demeure, mes pairs et toutes mes activités. Sur la montagne du Montserrat, plus étrange sinon plus belle que l'Ottilienberg, je ne pus jamais m'oublier, me donner. « Je salue vos puissances, disais-je au mont sacré des Catalans, mais nulle pierre de vos gradins ne saurait servir au tombeau qu'il faut que je m'édifie. » Sainte-Odile, au contraire, me semble l'un de mes cadres naturels, et je foule, infatigable, les sentiers de ma sainte montagne en me chantant le psaume qui m'exalte : « Je suis une des feuilles éphémères, que, par milliards, sur les Vosges, chaque automne pourrit, et, dans cette brève minute, où l'arbre de vie me soutient contre l'effort des vents et des pluies, je me connais comme un effet de toutes les saisons qui moururent. »

Je m'enfonce dans ce paysage, je m'oblige à le comprendre, à le sentir : c'est pour mieux posséder mon âme. Ici je goûte mon plaisir et j'accomplirai mon devoir. C'est ici l'un de mes postes où nul ne peut me suppléer. A travers la grande forêt sombre, un chant vosgien se lève, mêlé d'Alsace et de Lorraine. Il renseigne la France sur les chances qu'elle a de durer.

Bien que je doive d'heureux rythmes à Venise, à Sienne, à Cordoue, à Tolède, aux vestiges même de Sparte, et que je refuse la mort avant que je me sois soumis aux cités reines de l'Orient, j'estime peu les brillantes fortunes que me firent et me feront de trop belles étrangères. Bonheurs rapides, irritants, de surface ! Mais à Sainte-Odile, sur la terre de mes morts, je m'engage aux profondeurs. Ici, je cesse d'être un badaud. Quand je ramasse ma raison dans ce cercle, auquel je suis prédestiné, je multiplie mes faibles puissances par des puissances collectives, et mon cœur qui s'épanouit devient le point sensible d'une longue nation.

Le soir de mon arrivée, sous la pluie qui tout le jour ne s'était pas interrompue, une petite sœur des pauvres traversait la grande cour du monastère, au point où la porte cintrée s'ouvre sur la forêt. Cette cornette et l'inconfort général donnent un style monastique à ces dépendances qu'ennoblissent de sombres tilleuls. — Sans doute, au grand jour, Sainte-Odile n'est plus qu'une hôtellerie tenue par les petites sœurs des pauvres ; le monastère a perdu sa règle et le cloître sa solitude ; mais, de l'ensemble, se dégage une magistrale leçon de continuité. Il y a la stèle du xii° siècle encastrée dans un mur du cloître ; il y a, dans la chapelle, les reliques de sainte Odile, que la critique la plus scrupuleuse tient pour authentiques ; il y a sous les murs du monastère, comme le panier de son sous la guillotine, l'étroit cimetière des nonnes anonymes. Mais le spectacle le plus instructif, c'est tout au fond des corridors, quand on débouche dans un étroit potager. Seul, un muret nous sépare de l'abîme. Sur la pointe du rocher plat, où repose depuis quatorze siècles l'audacieuse construction, cet humble jardin de légumes, semblable à un éperon, domine la cime des plus hauts sapins. Ici d'innombrables générations sont venues admirer ce qui ne meurt pas, la magnifique Alsace, l'Alsace « toujours la même et toujours nouvelle », dit Gœthe, en retraçant avec plaisir, dans ses mémoires, son pèlerinage de jeune étudiant à l'Ottilienberg.

Dans ce paysage aux motifs innombrables, l'essentiel, c'est l'armée des arbres qui s'élève de la plaine pour couvrir de ses masses égales les ballons et les courbes des Vosges, cependant qu'au loin, l'Alsace agricole s'étend, avec ses verts et ses jaunes variés, ses rares bouquets d'arbres sombres, ses rouges petits villages et, doucement, bleuit, pour finir là-bas, dans une sorte d'eau lumineuse. Mais plus lyrique encore, selon ma préférence, que cette escalade forestière et que ce repos champêtre, il y a le royaume des airs. Nous assistons aux échanges du ciel et de la terre, quand les vapeurs montent et descendent. Parfois sur la plaine glisse une grande ombre qu'y projettent les nuages. Parfois ceux-ci s'interposent entre la terre et notre regard. Ils circulent rapidement comme une flotte défile devant un promontoire.

Les matinées de septembre, à Sainte-Odile, sont des matinées de bonheur. On voit une plaine aussi douce, aussi neuve, dans ses blondes vapeurs flottantes, que la jeune fille classique de l'Alsace. Délicieusement mouvementée, bien qu'aux regards distraits elle paraisse unie, cette vallée du Rhin prouve les grâces et les forces de la ligne serpentine. Ses chemins, jamais droits, ondulent avec nonchalance. La jeune plaine d'Alsace auprès de la vieille montagne! serait-on tenté de dire; mais que le soleil atteigne la montagne si noire, elle s'éclaire, devient jeune à son tour. Plaine rhénane ou montagne vosgienne, c'est ici une bienfaisante patrie, le lieu des plaisirs simples. Une nation laborieuse y sait jouir de son bonheur terrestre. Quelles figures satisfaites chez les pèlerins qui défilent sur la terrasse de Sainte-Odile! Se bien promener et bien manger, en gaie compagnie, c'est la devise de l'Alsace heureuse.

Mais à mesure que l'hiver approche, on ne voit plus qu'à travers des espaces d'humidité les villages devenus bruns, les terres roses, les prés d'un vert clair. De longs rubans de nuages restent indéfiniment accrochés à la montagne, et l'Alsace, en bas, devient un archipel dans une mer lointaine et bleuâtre.

Parfois, vers midi, notre montagne est dans le soleil, mais la plaine passera la journée sous un brouillard impénétrable. A quelques mètres au-dessous de nous, commence sa nappe couleur d'opale. Sur ce bas royaume de joie et de tristesse reposent nos glorieux espaces de joie et de lumière ! C'est un charme à la Corrège, mais épuré de langueur, un magnifique mystère de qualité auguste. Je parcours avec allégresse les sentiers en balcon de mon étincelant domaine forestier. Qu'une branche craque dans les arbres, j'imagine que des dieux invisibles prennent ici leurs hivernages. Si l'on m'excuse d'apporter aux bords du Rhin une image classique, c'est une goutte glissée du sein d'une déesse qui noie ce matin notre Alsace.

A certains jours, vers cinq heures du soir, une couleur forte et grave emplissait la plaine. Et c'est bien « emplissait » qu'il faut dire, car de ma hauteur je voyais si nettement, au delà du Rhin, se relever les hautes lignes de la Forêt-Noire, qu'à mes pieds c'était une immense cuve où s'amassaient du sérieux, du triste et du noble.

La beauté de Sainte-Odile n'est point toute sur sa terrasse : elle habite encore la Bloss et l'Elsberg, que chargent de mystérieux monuments.

Les deux plateaux de la Bloss et de l'Elsberg forment avec le promontoire de la Hohenburg, qu'ils flanquent au Sud et au Nord, une superficie de cent hectares. Un mur celtique les enserre d'un ruban de dix kilomètres. C'est le célèbre

« mur païen ». En partie éboulé, recouvert de mousses et travaillé par les racines des sapins, il est fait d'énormes blocs grossièrement équarris. Dans ses meilleures parties, il n'a plus que trois mètres de hauteur ; ses pierres, reconnaissables à leurs entailles en queue d'aronde, gisent au milieu des arbres. Selon les accidents du terrain, il se replie, ou projette des pointes, et même disparaît, toutes les fois que le rocher à pic rend impossible une escalade.

Par le plateau de la Bloss, on arrive de plain-pied sur les rochers du Mænnelstein et du Schafstein et, brusquement, on trouve le vide, tout un immense précipice. C'est une vue sur la douce, riche et diverse plaine d'Alsace, et sur le groupe puissant des montagnes solitaires et boisées. Une série de contreforts se détachent de la chaîne des Vosges et s'inclinent vers la plaine pour y mourir. J'aime ces formes éternelles plus que les gais villages, et ces bois monotones plus que les champs parcellaires. O douceur altière de ces alternances de montagnes! Les reines de la nature reposent heureuses dans une atmosphère lilas. Et contre ma figure, il y a de délicieux mouvements d'air... Sur la pierre plate du Schafstein, sans aucun garde-fou, je suis en face des libres espaces. Tout près de ma main, frêles dans la brise, voici des rameaux verts et jaunes, pointes des arbres qui surgissent de l'abîme, ayant poussé, Dieu sait comment, dans les interstices de la dure roche. De ces ramures et par-dessus la profonde vallée de Barr, le regard glisse sur un premier plan de montagnes, fort basses, qui semblent un moutonnement de cimes verdâtres, un crêpelage comme sur le dos des brebis. Une seconde, une troisième chaîne forment des masses de bleu noir, puis se dégradent en bleu gris, jusqu'à ce que là-bas, là-bas, sur la plus haute crête, apparaisse la très mince silhouette de la Hohkœnigsbourg, dans une buée jaunâtre, dans un glacis de couleur paille.

Jusqu'à quatre heures, les montagnes, épaisses de feuillages à l'infini, ondulent, vernies d'une brume dorée qui leur donne du mystère et du silence. De ces spacieuses solitudes, rien n'émerge que les deux tours féodales d'Andlau, rien n'étincelle que l'étroite prairie sur le ballon près du Spesbourg. Ni la peinture ni les mots ne peuvent rendre les fortes et sereines articulations d'un immense paysage sévère ; il y faudrait une musique épurée de sensualisme. Dans cette harmonie d'or cendré, sur du vert, mon âme écoute un plain chant dont le sens s'augmente à mesure que je m'y prête.

Quand le soleil, en s'inclinant, jette ses moires, de l'Ouest à l'Est, sur les montagnes qui s'abaissent vers la plaine, on voit se lever de celle-ci des centaines de fumées produites par les fanes qu'on brûle. Et, à l'opposé, vers l'Ouest, dans le haut du ciel d'où descendent les montagnes, apparaissent de grandes taches ardentes, car c'est l'heure du couchant.

J'ai parcouru indéfiniment le domaine de Sainte-Odile et ses alentours. Les interminables sentiers serpentent, roses, sous les sapins qui leur font un toit vert. Pendant des heures, je montais, je descendais, parfois je m'égarais, sans rencontrer de bruit, ni de passant, ni aucune singularité. La profonde colonnade des sapins assombrissait les pentes. Il n'y avait pour rompre la symétrie que des roches écorchant le sol, çà et là, et couvertes de mousses verdâtres. Les jours de soleil, la forêt sentait les mûres et, si grave toujours, avait de la jeunesse. J'y trouvai plus souvent des semaines de tempête. Le vent, brisé sur les arbres, ne se faisait connaître que par son gémissement. En vain l'eau ruisselait-elle, j'allais avec légèreté sur ce sol sablonneux et que feutrent les aiguilles accumulées.

Par de telles journées pluvieuses d'octobre, vers quatre ou cinq heures, c'est un mortel plaisir de chercher, de trouver le château romantique par excellence, le Hagelschloss. A l'extrémité du plateau et sur le mur païen, il se débat, comme un assassiné, parmi les sapins qui l'étouffent. Depuis la ténébreuse vallée qui gît à ses pieds, il apparaît magnifique de force, de sauvagerie, ouvrant et dressant sur les roides rochers et sur ses propres décombres, un vaste porche où deux platanes et trois joyeux acacias étonnent.

Les forestiers prétendent que leurs chiens sont attirés par des puissances invisibles dans les oubliettes du Hagelschloss. Par les temps brumeux, dit-on, des fantômes s'y montrent. J'assure, au moins, que du fumier de ses feuilles amoncelées s'exhale continûment une perfide influenza.

Jour par jour, à la fin d'octobre, Saint-Odile se teinte. La coloration débute dans les vallées intérieures. Au pré de Truttenhausen, quel enrichissement du spectacle! Mais le brouillard, sur ces couleurs, épaissit son empire. Parfois, après une pluie, on revoit des parties importantes de la montagne; quelque chose de sa gloire, chaque fois, a disparu. Pourtant contre l'obscur, le ténébreux hiver, je ne blasphémerai pas. L'hiver élimine l'éphémère, met en vue les solidités. Voici les troncs, le sol, les rochers. J'embrasse mieux l'ensemble dans ce qu'il a de persistant. Cette Sainte-Odile de novembre, sévère, concise et dépouillée, semble vue par un froid vieillard. Dans la trame des siècles, les vieillards suppriment les particularités éphémères; ils s'en tiennent aux masses éternelles, aux blocs sur quoi se fonde l'humanité. — Quand l'hiver dépouille ma montagne, je vois mieux les dolmens préceltiques, le castellum romain et les tours féodales, témoins quasi-géologiques des moments dépassés de notre civilisation. Et puis, là-bas, sur l'horizon, une ligne épaisse de brouillards marque plus fortement le Rhin.

LA PENSÉE DE SAINTE-ODILE

Un philosophe est venu à Sainte-Odile. M. Taine a connu ces délices de la solitude, de l'espace et de la solennité. Ses sentiments de vénération furent éveillés par ce paysage. Il les exprime dans une méditation, dans un examen de conscience, dans une prière fameuse.

« Du haut de ces terrasses, dit-il,... comme on se détache vite des choses humaines ! Comme l'âme rentre aisément dans sa patrie primitive, dans l'assemblée silencieuse des grandes formes, dans le peuple paisible des êtres qui ne pensent pas !... Les choses sont divines et voilà pourquoi il faut concevoir des dieux pour exprimer les choses... Les premières religions ne sont qu'un langage exact, le cri involontaire d'une âme qui sent la sublimité et l'éternité des choses en même temps qu'elle perçoit leurs dehors... Quand nous dégageons notre fond intérieur enseveli sous la parole apprise, nous retrouvons involontairement les conceptions antiques, nous sentons flotter en nous les rêves du Véda, d'Hésiode ; nous murmurons quelqu'un de ces vers d'Eschyle où, derrière la légende humaine, on entrevoit la majesté des choses naturelles et le chœur universel des forêts, des fleuves et des mers. Alors, par degré, le travail qui s'est fait dans l'esprit des premiers hommes se fait dans le nôtre ; nous précisons et nous incorporons dans une force humaine cette force et cette fraîcheur des choses... Le mythe éclôt dans notre âme, et, si nous étions des poètes, il épanouirait en nous toute sa fleur. Nous aussi, nous verrions les figures grandioses qui, nées au second âge de la pensée humaine, gardent encore l'empreinte de la sensation originelle, les dieux parents des choses, un Apollon, une Pallas, une Diane, les générations de héros qui avaient le ciel et la terre pour ancêtres et participaient au calme de leurs premiers auteurs. A tout le moins, nous pouvons nous mettre sous la conduite des poètes et leur demander de nous rendre le spectacle que nos yeux débiles ne suffisent pas à retrouver. Nous ouvrons l'*Iphigénie* de Gœthe... »

Ainsi parle Taine et, sur ce large préambule, dans un magnifique éloge, il exalte la Vierge de Mycènes, *Sacri-*

fiée et *Sacrifiante*, comme la plus pure effigie de la Grèce ancienne et le chef-d'œuvre de l'art moderne : l'abrégé de ce qu'il y a de plus parfait au monde.

Cette belle élévation témoigne que les heures passées sur la montagne de Sainte-Odile sont, nécessairement, des heures de prière ; elle traduit une grande âme émue par la nature septentrionale. Ce chant incite, échauffe nos idées, héroïse nos sentiments et nous monte d'un degré, mais que formule-t-il qui nous serve ? Nous ne pourrions guère le traduire en actes. Stérile sublimité ! De cette haute minute, allons-nous retomber à notre dispersion, ou bien, contraignant nos âmes, saurons-nous les arracher aux attendrissements diffus de la rêverie pour saisir des réalités alsaciennes ?

Des dolmens et des menhirs, une puissante muraille druidique, un castellum romain, un couvent, des burgs moyen-âgeux peuvent distraire, sans plus, des passants étrangers, mais si je suis un Alsacien, je dois savoir et sentir que cette noble montagne ne fut point ainsi surchargée pour qu'elle m'offrît des promenades ou des thèmes de rêveries. Aux pentes de Sainte-Odile, une intelligence virile, avec ces pierres semées, remonte le sentier de ses tombeaux. C'est un ensemble où la nature et l'histoire collaborent. Toutes les puissances de Sainte-Odile se fondent dans un chant civilisateur.

Cette discipline que leur terre et leurs morts commandent à l'Alsacien, Taine l'eût reconnue, s'il s'était moins détaché de ses Ardennes natales. Il exprime des idées viables et fécondes, chaque fois qu'il est le fils du notaire de Vouziers et le petit garçon formé par des promenades en forêt. Son erreur, à Sainte-Odile, fut de ne pas se soumettre aux influences du lieu : il a méconnu les leçons de ces remparts et de ces tombes. Sa pensée ne s'accorde pas à l'horizon des Vosges et du Rhin. On vérifie sur un tel cas que le meilleur génie devient artificiel et stérile s'il se dérobe à ses fatalités. Le plus vif sentiment de la nature et Virgile lui-même nous tenant par la main nous égareraient dans nos bois. Pour nous guider sur notre sol, nul ne peut suppléer nos pères.

Si l'on avait traduit en marbre l'hymne de M. Taine, nous verrions aujourd'hui l'Iphigénie allemande se dresser sur la terrasse du monastère. Elle y ferait pendant à l'étendard impérial qui flotte à l'autre horizon sur la Hohkœnigsbourg. C'est démontrer par l'absurde que sur un champ de bataille, il n'y a pas de place pour la fantaisie.

On n'imagine point de lieu où disconvienne davantage qu'à Sainte-Odile la tradition normalienne, pseudo-hellénique, anticatholique et germanophile. Les événements de 1870 prouvent mieux qu'aucune dialectique l'erreur de M. Taine, ou, pour parler net, son insubordination.

Lorsque j'entre sur mon sol sacré, sur la terre où s'incorporent mes pères qui la firent, tout respire et enseigne leur histoire. Je me vois assujetti à des puissances génératrices que je ne puis définir. La connaissance que j'en ai ne me laisse point m'égarer; elle me suggère une amitié pour ceux qui humanisèrent cette nature. Je ne mènerai point sur l'Ottilienberg la vierge grecque acclimatée à Weimar par Gœthe ; mais j'honore, en lui donnant son plein sens, sainte Odile que j'y trouve honorée, et je me subordonne, pour mieux progresser, à l'antique patronne de l'Alsace.

L'Odile historique naquit du duc d'Alsace, Adalric, qui, dans la seconde moitié du vii° siècle, administrait notre lande de terre pour le compte des Mérovingiens. Il était attaché à la famille des Pépins, grands propriétaires entre la Meuse et la Moselle, et qui bientôt allaient donner la dynastie des Carolingiens. Ceux-ci montrèrent, dit-on, une

intelligence profonde de leur époque
et restaurèrent l'idée d'Etat. Aussi leurs
premiers clients peuvent être interprétés comme des serviteurs et collaborateurs de la préparation française. A la
suite de divergences politiques, il martyrisa saint Léger et saint Germain. Au
reste, bon chrétien. Il eut des remords
et bâtit le couvent expiatoire dont sa
fille Odile fut la première abbesse.

Cette montagne était un bon sol, pour
qu'il y poussât une plante nationale.
Dès le IV° siècle ou le III° siècle avant
Jésus-Christ, les Celtes y avaient construit le mur païen. On trouve sur ce
sommet les traces d'un oppidum gaulois et probablement un collège sacerdotal druidique. Les Romains vainqueurs
y dressèrent la citadelle dont nous distinguons les vestiges. Sans doute, on
venait ici en pèlerinage honorer Rosmertha, déesse des régions de l'Est.
Sainte Odile hérita des vertus accumulées de ce paysage et les augmenta.
C'est une graine tombée dans une terre
déjà riche, mais une graine d'une nature à pousser haute et droite.

Son apparition sur le sommet du
Hohenbourg causa une surprise, dont
nous percevons encore le remous par
les récits merveilleux de la littérature
hagiographique. Cette émotion joyeuse
s'explique. Les lieutenants de l'Empire

avaient disparu, mais les chefs ecclésiastiques demeuraient. Le catholicisme, c'était encore Rome et c'était de l'ordre. Bien qu'ils fussent durs, égoïstes et anarchiques, prompts à prendre leurs armes pour augmenter leurs biens et dédaigneux de l'intérêt général, les Barbares sentaient la difficulté de gouverner, sans une tradition appropriée, cette Gaule qui venait de leur échoir, — cette Gaule où il y avait des villes, des cultures, des manières raffinées de vivre et de sentir, une civilisation très complète, enfin, un idéal. Ils furent obligés, parce que c'était leur intérêt et la condition de leur succès, d'accepter les formules que leur proposait le christianisme, et, dans la mesure où ils les acceptèrent, ils se romanisèrent.

Odile fut le signe et le gage de l'entente d'un vainqueur tout neuf et d'un clergé civilisé. Elle représente un idéal de paix, de charité, de discipline, une moralité enfin que l'analyse peut séparer du catholicisme, mais qui, formée à l'ombre des églises, porte à jamais leur marque. Cette vierge fut tant admirée qu'on la sanctifia ; les poètes et les émotifs suivirent les politiques ; ils inventèrent et propagèrent les légendes. Odile, c'est le nom d'une victoire latine, c'est aussi un soupir de soulagement alsacien : une commémoration du salut public.

COMMENT L'ACTIVITÉ ÉTERNELLE DE L'ALSACE S'ADAPTERA-T-ELLE AUX CIRCONSTANCES PRÉSENTES ?

Pour que cette légende, née d'une crise, demeurât vénérable sur une terre où, sans cesse arrivent d'outre-Rhin de nouvelles masses humaines, il a fallu que chaque génération approuvât la fille d'Adalric de s'être soustraite à la tradition brutale de ses pères. Il a fallu qu'à travers les siècles, sur cette rive gauche du Rhin, une élite se félicitât quand des éléments germains étaient latinisés. Aujourd'hui encore, sur la riche région où l'Ottilienberg règne, les éléments germaniques et gallo-romains sont en contact. Le problème le plus actuel et le plus pressant y demeure celui qu'incarne sainte Odile. Et voilà bien pourquoi la fille légendaire du farouche Adalric demeure la patronne de l'Alsace, alors qu'ont disparu tant d'autres saints fameux, qui, petit à petit, ne s'étaient plus rattachés à rien de réel.

Notre sol a produit cette belle figure d'Odile dans le moment où nous fûmes le plus près de réaliser de grandes destinées, à l'aube de la fortune carolingienne, et quand le christianisme n'avait pas encore complètement discipliné les jeunes forces barbares. Mais sainte Odile n'est pas d'une époque. Elle est une production de l'Alsace éternelle, le symbole de la plus haute moralité alsacienne. Elle représente ce qu'il y a sur cette région de permanent dans le transitoire.

Les volontés, que la conscience alsacienne projette et glorifie dans la légende de sainte Odile, s'étaient manifestées, dans une longue série d'actes, bien avant que la sainte ne fût née, et, longtemps après qu'elle est morte, ces mêmes volontés continuent de nous animer. L'office rempli par la citadelle romaine, par le mur druidique qui soutint l'assaut des Cimbres et des Teutons, et par les veilleurs du Mænnelstein et du Wachtstein qui guettaient les passages du Rhin, fut indéfiniment poursuivi, avec des chances variées, avant que fût acquise la plus incomplète romanisation des Germains ; et cette gloire merveilleusement servie par les Louis XIV et les Napoléon nous allait être donnée, quand le flot de 1870, en humiliant la civilisation romaine, vint remettre en question notre existence sur le Rhin. Ainsi, de nos jours, il nous faut le même miracle qu'au temps d'Odile, fille d'Adalric. Nous attendons que notre sol boive le flot germain et fasse réapparaître son inaltérable fond celte, romain, français, c'est-à-dire notre spiritualité.

Comme il éclate sur le sommet de la Montagne, notre devoir alsacien ! Cette sainte montagne, au milieu de nos pays de l'Est, elle brille comme un buisson ardent. Ainsi éclairés nous ne nous perdrons pas dans les circonstances passagères et les accidents extérieurs. Nous n'avons pas à adapter notre devoir aux fluctuations du combat éternel des Latins et des Germains. Nous voulons nous attacher à une série d'activités qui se lient les unes aux autres, qui donnèrent des résultats et qui éveillent la vénération. Ceux qui élevèrent ces pierres, ce mur, ces menhirs, ce monastère ont disparu, mais ce qu'il y avait, dans leur activité, qui était conforme à la vérité du pays, a subsisté. Cette énergie juste vit toujours en nous et veut être employée.

La romanisation des Germains est la tendance constante de l'Alsacien-Lorrain. — Telle est la formule où j'aboutis dans mes méditations de Sainte-Odile. Elle a l'avantage de réunir un très grand nombre de faits et de satisfaire mon préjugé de Latin vaincu par la Germanie. J'y trouve un motif d'action et une discipline. Dans l'état des choses, les Alsaciens et les Lorrains ne peuvent plus collaborer avec les Français ; cependant ils ne veulent pas collaborer avec les Allemands : faut-il donc qu'ils s'abandonnent?Je leur propose et je me propose un système de direction qui tienne compte des rapports qu'il y eut toujours entre la France, l'Alsace-Lorraine et la Germanie, en même temps qu'elle nous justifie d'agir comme nous tendons naturellement à faire. Ainsi je puis dire que ce système contient de très nombreux faits historiques et tout notre cœur. Il ordonne nos notions du passé de la manière qui satisfait le mieux notre esprit ; il nous fait prévoir l'avenir tel que la générosité de notre sang nous commande de le prophétiser.

Si l'on ignore le malaise qu'éprouvent certaines personnes pour agir, tant qu'elles n'ont pas fondé leur activité sur un principe spirituel, l'on ne pourra pas comprendre mon allégresse dans cette fin d'automne, alors que la montagne et sa légende me devenaient une solidité et que je pouvais dire avec les simples : « Sainte Odile, patronne de l'Alsace ! »

Pourtant cette plénitude n'allait point sans amertume, car du même coup que j'avais discerné ma juste tâche, je revoyais en esprit la plaine messine désertée, Strasbourg dénaturé... Ah ! comment ces deux reines captives pourront-elles imposer leur génie ou même y demeurer fidèles ?

C'est bien de dire que les conquis conquerront par l'esprit leurs rudes conquérants. C'est la vérité historique, philosophique, fondamentale de toute activité vraiment citoyenne sur la rive gauche du Rhin. Mais comment cela, qui doit être nécessairement, sera-t-il ? Par où l'Alsacien, le Lorrain seront-ils avertis d'une manière vivante de ce devoir que le philosophe peut bien reconnaître, mais que le philosophe n'est pas en mesure de faire pratiquer ? Comment l'instinct de civilisateur latin, que notre raison constate et honore, à travers les siècles, chez les populations de ce terroir, s'éveillera-t-il aujourd'hui et comment agira-t-il ? De quelle manière l'Alsacien-Lorrain veut-il accomplir sa prédestination ?

Je me rappelle ce dimanche de novembre, un jour de la Toussaint, où je me promenais dans les sentiers de Sainte-Odile, en achevant de reconnaître les grandes pensées du paysage. Elles étaient fortes et précises, tangibles sous ma main, dans mon âme, et cependant ne nuisaient point aux rêveries vagues et profondes qui se lèvent des pierres historiques et des forêts illimitées. Sous les arceaux du couvent, des grands bois et des burgs, j'entendais les cloches des églises et les clochettes des vaches. Tout chantait la durée du mont et la rapidité du passant. Messes incomparables ! J'aurai dans l'âme jusqu'à ma mort les prairies de Sainte-Odile, la délicatesse de leurs colchiques d'automne et la volonté des morts qu'ils recouvrent. Mais je me répétais, dans cet extrême délice, qu'une tradition, par elle-même, n'est qu'une fleur, — une « veilleuse », comme nous appelons en Lorraine le colchique, — une veilleuse des morts, s'il ne surgit pas une volonté vivante qui donne au verbe une chair.

J'avais vu monter de la plaine des promeneurs, hommes, femmes, enfants, pour la plupart des Alsaciens, et, certes, bien loin qu'ils fussent des vaincus, leurs manières d'être témoignaient de solides et nobles habitudes et une grande confiance en eux-mêmes. « Il ne serait point difficile, me disais-je, que de telles gens se dévouassent sur les champs de bataille, dans les armées de la France, mais chaque jour, chacun de ces Alsaciens, pris comme il est par des intérêts positifs, peut-il trouver en soi une dose suffisante d'énergie pour combattre le germanisme ? » Au soir, le soleil allant bientôt disparaître, je me trouvais, sous le Mænnelstein, au milieu des sapins, dans le kiosque qui domine la route de Sainte-Odile à Barr. Soudain y pénétra une section du Club vosgien allemand qui avait déjeuné au monastère et qui redescendait. Ces gens avaient copieusement goûté les petits vins d'Alsace. A leur tête marchait une « frau-major », la femme d'un commandant, petite et ronde, et suspendue au bras de son mari, un colosse, assez en peine, lui-même, de marcher avec la dignité qui convient à son grade. Entrés avec de grands cris, ils se turent, tous, émerveillés par la beauté du spectacle : à leurs pieds, le vallonnement, la profondeur des bois interminables, et, dans le lointain, sous un soleil rouge, toute la bonté de la plaine d'Alsace. Alors la grosse commandante se jeta au cou de son mari, et des larmes, de vraies larmes d'enthousiasme et de boisson coulaient des yeux de cette Walkyrie :

— Ah ! Fritz ! Fritz ! s'écriait-elle ; quelle province tu conquis !

Or, je me demandais, regardant cette troupe : « Quelle chose est-il dans vos projets de faire avec notre pays que nos pères ont aménagé ? Et lui-même, si vvace, bien qu'il se taise, quel pain fera-t-il de votre pâte barbare ? »

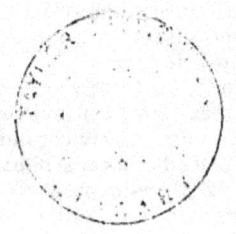

METZ

Les Prussiens, qui brûlèrent et rebâtirent avec magnificence des quartiers de Strasbourg, n'ont ici rien modifié. Metz, une fois franchis les travaux qui l'enserrent, apparaît dans sa servitude identique à elle-même. Sturel et Saint-Phlin (1) la reconnaissant encore française, lorraine et messine, sentirent avec une vivacité qui les troubla une nuée d'impressions se lever des uniformes, des visages prussiens, des inscriptions officielles.

Quand ils eurent visité, au hasard de leur après-midi, les maisons de la rue des Tanneurs, la rivière derrière la Préfecture, les nombreux ponts de la Seille et de la Moselle où s'offrent des vues pittoresques, les vieilles portes militaires, la vénérable cathédrale avec le cortège de ses filles, églises et chapelles :

— Eh quoi ! se disaient-ils, nous ne

(1) Personnages du *Roman de l'énergie nationale*.

savions pas les maisons si humbles et si vieilles. Toutes ces rues dont les noms émeuvent les émigrés, et qui, parfois, telle la Serpenoise, ancienne route de Scarpone, nous relient au monde romain, ne sont que d'importantes ruelles où les fenêtres qui se font face voisinent.

Devant ces modestes magasins, aux enseignes encore françaises, et tandis qu'ils coudoyaient d'innombrables soldats et quelques indigènes, de types aisés à distinguer, ils crurent comprendre que Metz a perdu son élégance de bon ton, fameuse avant la guerre. Et cela, loin de leur déplaire, ajoutait à leur affection. Peut-être l'eussent-ils moins aimée, à la voir, en même temps qu'un lieu sacré pour la patrie, un riche entrepôt ou une belle œuvre d'art. Ils lui savaient gré de favoriser un sentiment désintéressé. Il suffisait qu'elle existât juste pour mettre de la chair vivante autour de leur notion abstraite du patriotisme.

Depuis cinq jours qu'ils voyageaient et bien qu'ils eussent compris avec affection chacune de leurs étapes, ils n'avaient pas encore ressenti la qualité de tendresse que leur inspira cette cité pour laquelle ils eussent été heureux de faire un sacrifice. Les jeunes femmes de Metz font voir un type particulier de douceur qu'ils retrouvaient dans la physionomie d'ensemble de la ville. Sa vaillance, son infortune, son cœur gonflé les enivraient d'une poésie qu'ils n'auraient pu lui exprimer que les deux genoux à terre et lui baisant la main.

— C'est, pensaient-ils, l'Iphigénie de France, dévouée avec le consentement de la patrie quand les hommes de 1870 furent perdus de misère, sanglants, mal vêtus sous le froid, et qu'eux-mêmes, les Chanzy, les Ducrot, les Faidherbe, les Bourbaki, les Charette, les Jaurès, les Jauréguiberry renoncèrent. Toi et ta sœur magnifique, Strasbourg, vous êtes les préférées ; un jour viendra que parmi les vignes ruinées, sur les chemins défoncés et dans les décombres, nous irons vous demander pardon et vous rebâtir d'or et de marbre. Ah ! les fêtes alors, l'immense pèlerinage national, toute la France accourant pour toucher les fers de la captive !

Ces rêves et ces sentiments, la nature entière les partage à chaque fois qu'un excitateur, tel Boulanger, ministre de la Guerre, crie le « Garde à vous » qu'il faut pour mettre en action et monter au même plan des hommes, accaparés dans l'ordinaire par les conditions propres de leur vie ; et combien ils croîtront chez celui qui ne se borne pas à connaître Metz dans les événements contemporains. A la suivre parmi les siècles, on voit à cette ville un foyer d'énergie intérieure : dans sa résistance à la germanisation, elle se conduit exactement comme le veulent les lois qui ont présidé à son développement et non point selon une émotion accidentelle, mais par une nécessité organique.

Cette petite vue modeste et la biographie d'une ville pourtant de troisième ordre éveillaient dans leurs âmes préparées un tel sens de tragique qu'ils restèrent plusieurs heures à laisser s'agiter en eux des pensées d'amour et de respect pour leur patrie. Sans doute avant 1870, cette étroite terrasse plantée ne leur aurait proposé qu'un agréable coup d'œil sur un paysage de rivière ; maintenant elle nourrissait de longues rêveries sur une terre esclave.

Les deux statues de l'Esplanade s'imposaient à leur attention : le maréchal Ney, qui fait face à la ville et qui naturellement date du temps français, et puis, tourné vers l'horizon, leur grand empereur Guillaume. « *Errichtet von seinem dankbaren Volke :* dressé par son peuple reconnaissant, » dit le piédestal de ce dernier. Qu'est-ce que son geste de main ? Un remerciement au peuple de Lorraine dont il accepte l'hommage ? Ou bien indique-t-il la frontière française pour dire à son armée :

« Veillez. » Affirme-t-il du doigt : « Toutes ces terres sont de mon empire ? »
Telle quelle, cette pesante statue infiniment plus lourde, plus grande que le Ney à qui elle tourne le dos, détruit le caractère, la douce qualité de cette campagne mosellane. A tout Français qui passe elle met une épée dans la main : elle commande ce même geste que donnerait à de jeunes officiers le récit des hauts faits d'un Ney ou d'un Fabert. Le malheur vaut comme la gloire pour réveiller l'énergie.

En dépit de ce Guillaume le Grand, il n'est pas une terre d'où la patrie française soit plus invoquée, plus adorée que de cette Lorraine. Sur ce sol, ils peuvent ériger des trophées, mais l'indigène qui passe dans leur ombre élève spontanément, pour la leur opposer, une pensée d'amour vers la France. Les mots allemands peuvent bien proclamer : « *Die für immer süss denkwürdige Capitulation von Metz* : la capitulation à jamais doucement mémorable de Metz » ; jamais des syllabes françaises ne s'assembleront pour affirmer une telle façon de voir. Et voilà pourquoi des vainqueurs, conseillés par leur raison nationale, veulent que les écoles du pays annexé n'enseignent plus que l'allemand. C'est pour contraindre chacun à déserter les mots de ses aïeux, et pour tenir en échec l'âme héréditaire de ce territoire.

Or, se promenant ainsi sur l'Esplanade, Sturel et Saint-Phlin entendirent avec épouvante des tout petits enfants qui, au pied de l'Homme de la race ennemie et dans ce vent léger de la rivière lorraine, s'amusaient en grasse langue allemande. Eh ! quoi donc ! si vite, ces terribles mesures ont tué les enfants français ! C'est le massacre des innocents. L'un d'eux pouvait être le sauveur. En quelques années, le maître d'école lui enlève toute vertu. Vainement la France l'appelle. Il ne sait plus son propre nom. Wilhelm, Karl, Fritz, héritiers d'une longue lignée de Français, répondent : « *Was will mir dieser Fremde :* que me veut cet étranger !... » — L'isolement des deux voyageurs, leur sentiment de vaincu s'aggrava au point qu'ils pensaient à quitter Metz immédiatement... Comme ils les aimèrent, quelques pas plus loin, les bonnes petites commères de huit, de douze ans, qui disaient « ma chère » par ci, « ma chère » par là, assises sur des bancs ! Sûrement, ces garçons qui viennent de les inquiéter appartiennent à des fonctionnaires immigrés, et il faut se réjouir car leur allemand a déjà pris un peu l'accent chanteur de Lorraine.

Ils gagnèrent, pour le souper de sept

heures, un restaurant où l'un et l'autre
jadis avaient mangé avec leurs familles
et qu'ils trouvèrent encombré d'officiers de toutes armes. La salle, très simple, sans lourdeur de brasserie, les
servantes, des petites demoiselles lorraines, faisaient un vieil ensemble messin où ces beaux géants, mécaniques
dans leurs saluts et compassés dans leur
fatuité, semblaient tout à fait déplacés.
Les deux jeunes gens s'attristèrent à
reconnaître que ces types-là maintenant
se promènent nombreux à Paris. Sous
des casques à pointes, ils retrouvaient
ces espèces de figures avec les basses
parties énormes qui souvent les avaient
irrités chez des contradicteurs de leur
entourage. Il y a en France une incessante infiltration d'Allemands, qui, même
s'ils renient leur patrie, compromettent
nos destinées naturelles, car tout leur
être se révolte contre notre vraie vie où
ils ne trouvent pas les conditions de
leur développement naturel. Les officiers de ce restaurant avec leur morgue
alliée à une évidente acceptation de la
discipline, avec leur forte carrure, sont
d'intéressants types d'humanité, mais
des servants d'un autre idéal ! Sturel et
Saint-Phlin songeaient avec amour à ce
que de tels êtres sont en train de détruire sur un espace de 14,587 kilomètres carrés.

Depuis le début de ce voyage, l'imagination de Sturel était souvent mise en mouvement par des objets usuels, ainsi, sur la table où ils mangeaient, des modèles surannés de la faïencerie de Sarreguemines, comme il en avait manié dans sa petite enfance ; et tel sucrier blanc de forme empire, à filet d'or, décoré de têtes de lion, utilisé comme pot à fleurs sur le bureau de la caissière, bouleversa agréablement tout le jeune homme pour le ramener là-bas, là-bas, vers son passé. La couleur aussi et le goût du petit vin de la Moselle ravivaient en lui un ensemble d'images et de sensations auprès desquelles contrastaient plus durement les éclats tudesques et les traîneries de sabres. Cependant que ces délicatesses un peu puériles troublaient les deux Lorrains, l'un et l'autre s'appliquaient à n'en rien trahir : dans ce milieu, il fallait par décence de vaincus éviter la moindre singularité. Seulement, au sortir du restaurant, contre leur habitude, ils se prirent le bras.

Ils marchaient ainsi affectueusement, quand ils rencontrèrent quatre bons voyous à la française, si sympathiques que Sturel proposait à Saint-Phlin de leur payer des cigares, mais les voyous, dégoûtés qu'on les examinât, se mirent à poursuivre ces passants indiscrets d'injures pittoresques devant lesquelles les deux amis fuyaient, tout réjouis que la discipline sociale allemande n'eût pas encore privé totalement ce pays des bénéfices libéraux de la critique alerte à la française.

Ils choisirent un café parce que les lettres de son enseigne dataient de la bonne époque; ils n'y trouvèrent aucun soldat allemand. La propriétaire, une petite femme, avait la douceur, la gentillesse de la Moselle dans ses yeux. Ces excellentes gens, qui ont toute la finesse des vieilles villes, s'appliquent encore à plus de courtoisie et d'urbanité par réprobation de cette lourdeur teutonne qui pour une sensibilité française sera toujours goujaterie. On causa de la chose éternelle : l'amertume d'être allemand. Les troupes si nombreuses ne rapportent pas un sou au commerce ; elles se fournissent dans des coopératives ; il ne vient d'outre-Rhin que des gens de peu, avec une éducation de sauvage et seulement quelque argent pour parader, tels enfin que la vieille colonie messine ne voudra jamais les recevoir. Cette immigration incessante relèvera-t-elle les immeubles tombés à rien ? Et enfin, la grande chose : on avait tout espéré du général Boulanger, il terrifie les Prussiens ; comment se trouve-t-il des mauvais Français pour le persécuter ?

A Metz, les petites et les grandes filles
de qui Sturel et Saint-Phlin subissent
la puissance émouvante, touchent par
une délicatesse, une douceur infinie
plutôt que par la beauté. Leur image,
quand elles parcourent ces rues étroites,
pareilles aux corridors d'une maison de
famille, s'harmonise aux sentiments
que communique toute cette Lorraine
opprimée et fidèle. Quelque chose d'é-
crasé, mais qui éveille la tendresse ;
pas de révolte, pas d'esclaves frémissantes sous le maître, mais l'attente quand
même, le regard et le cœur tout entier
vers la France. C'est ici une caserne
dans un sépulcre, mais c'est aussi un
parfum, une manière de vieille province.
Depuis 1870, la France fait voir d'immenses transformations, mais cette ville
où ne sont restées que les classes moyennes et dans des conditions qui les
soustraient à l'influence parisienne et
des centres allemands, montre les couleurs fanées que l'imagination met sur
l'ancien temps. Charmants anachronis-
mes: dans Metz se promènent de jeunes
sœurs de nos mères. Avec cela une hon-
nête habileté. Sturel et Saint-Phlin qui
cherchaient divers objets et un méca-
nicien, assez rare à cette date, pour
réviser leurs bicyclettes, s'émerveillè-
rent de la gentillesse, de la fraternité
des « bonjour monsieur » qu'on répon-

dait à leurs « bonjour » d'entrée. Et
les « veuillez m'excuser », les « pardon », toute cette menue monnaie de
la politesse française, comme les marchands la leur donnaient très vite, avec
fierté, pour leur marquer : « Vous êtes
Français, nous aussi ! » Après cela, pouvait-on discuter les prix ? Tandis qu'on
parlait de bicyclettes, de chaussures,
de lainage, on ne pensait rien qu'à la
France, présente tout entière dans la
langue des vaincus, langue du passé,
des souvenirs, de ceux qu'on aime et
sans accent germanique. Et puis des
compliments, des tas de petites fleurs.
A Sturel : « On voit bien que monsieur
se fait chausser à Paris et prend ce
qu'il y a de mieux. » — A Saint-Phlin,
tout naïvement : « Monsieur a le pied
très joli : ce n'est pas comme ces Allemands. » Après une demi-heure de courtoisie, et les objets payés fort cher, on
se quittait en disant : « Espérons. »

Le troisième jour de leur arrivée, ils
visitèrent, au cimetière de Chambière,
le monument élevé à la mémoire de
sept mille deux cent trois soldats français morts aux ambulances de la ville
en 1870. C'est, au milieu des tombes
militaires allemandes, une haute pyramide. Deux inscriptions terribles lui
donnent un sens complet. L'une tirée
des *Écritures* :

MALHEUR A MOI !
FALLAIT-IL NAITRE POUR VOIR LA RUINE
DE MON PEUPLE LA RUINE DE LA CITÉ,
ET POUR DEMEURER AU MILIEU, PENDANT
QU'ELLE EST LIVRÉE AUX MAINS DE L'ENNEMI !
MALHEUR A MOI !

Cette plainte, cette imprécation, le passant français l'accepte dans tous ses termes, et l'ayant méditée, se tourne vers la France pour lui jeter : « Malheur à toi, génération qui n'as pas su garder la gloire ni le territoire ! » Et aussitôt encore : « Malheur à moi ! » Ne faut-il pas, hélas ! que tous, humblement, nous supportions une solidarité dans le crime commis, puisque après tant d'années écoulées et les enfants devenus des hommes, rien n'est tenté pour la délivrance de Metz et de Strasbourg que nos pères trahirent ? Mais dans ce même instant il leur sembla qu'une main douce se posait sur leurs épaules ; ils venaient de lire à l'autre face de la pyramide cette phrase plus pathétique encore que l'anathème :

LES FEMMES DE METZ
A CEUX QU'ELLES ONT SOIGNÉS

O solitude pluvieuse, étroits espaces dont la France se détourne ! Il gît là pourtant assez d'âme pour former les générations qui voudraient s'en approcher, et pour émouvoir l'histoire, si le génie français survit et ne laisse pas au seul Germain le soin de la rédiger. Tête nue, dans un sentiment douloureux et fraternel, les deux Lorrains déchiffrent sur les petites tombes les noms qui subsistent entre tant de milliers anéantis par les pluies, le soleil et le vent. Sous ces pierres, dans cette terre captive, sept mille cadavres s'entassent de jeunes gens qui, aujourd'hui, atteindraient seulement la quarantaine, et leur vie n'aura pas eu un sens si on refuse de le chercher dans l'éternité de la patrie française. Leur mort fut impuissante à couvrir le territoire, mais elle permet à un Sturel et à un Saint-Phlin de se reporter sans honte complète à cette année funeste. C'est une fin suffisante du sacrifice qu'ils consentirent en hâtant la disparition inéluctable de leur chétive personnalité.

Les fifres et les tambours prussiens qui, sans trêve, d'un champ de manœuvres voisin retentissent sur les tombes de Chambière ne détournent pas les deux visiteurs de leur pieuse méditation, et avec une tendresse égale à l'orgueil de dénombrer sur l'Arc de Triomphe les généraux de la Grande Armée, ils épellent la nomenclature des morts, les inscriptions des bannières délavées et des couronnes épandues.

Mais voici à trois mètres du monument français, dans cet exaltant cimetière, où la douleur, la fraternité, l'humiliation et l'orgueil stagnent comme des fièvres, la pierre commémorative qu'eux aussi les Allemands consacrent à leurs morts. Elle jette ce cri insultant : « Dieu était avec nous ! » — Offense qui tend à annuler le sacrifice des jeunes vaincus à qui les femmes de Metz ont fermé les yeux !

Il ne dépend pas du grand état-major allemand de décider sans appel que nos soldats luttaient contre Dieu ! En vérité, la France a contribué pour une part trop importante à constituer la civilisation ; elle rend trop de services à la haute conception du monde, à l'élargissement et à la précision de l'idéal, — dans un autre langage : à l'idée de Dieu — pour que tout esprit ne tienne pas comme une basse imagination de caporal de se représenter que Dieu — c'est-à-dire la direction imposée aux mouvements de l'humanité — serait intéressé à l'amoindrissement de la nation qui conduisit les Croisades dans un sentiment d'émancipation et de fraternité, qui a proclamé par la Révolution le droit des peuples à disposer d'eux-mêmes ! Mais voilà bien la prétention de toute l'Allemagne, du plus mécanique de ses soldats jusqu'au plus réfléchi de ses professeurs. Ce n'est point par hasard, c'est par le développement d'une pensée très raisonnée qu'ils inscrivent Dieu comme leur allié à deux pas de l'ossuaire de nos compatriotes, excluant nos chrétiens du paradis des enfants de Jésus, dépouillant nos athées de leur part d'auteur dans l'œuvre civilisatrice de l'humanité, rejetant nos armées dans le brigandage, et proscrivant la pensée française comme nuisible. Dans cet étroit espace, ce double charnier de Français et d'Allemands produisit une vigoureuse végétation, cette trentaine d'arbres élancés vers les cieux, mais l'Allemagne consciente d'elle-même ne veut pas que « dans le sein de Dieu », dans le concert de l'humanité, le génie français et le génie allemand collaborent. Elle nous excommunie ; elle prêche l'anéantissement de notre langue, de notre pensée. C'est une guerre sacrée. Sur le territoire de Metz et de Strasbourg, l'Allemagne, plus cruelle que les peuples orientaux qui coupent les oliviers et comblent les puits, tend à traduire son principe en actes. Elle supprime la pensée française dans le cerveau des petits enfants, elle ensevelit sous des verbes germains, comme une source vive sous des fascines, une sensibilité qui depuis des siècles alimentait cette race et que ces enfants avait reçue de leurs pères.

Saint-Phlin et Sturel, à mesure qu'ils maintiennent leur pensée sur ce que veut détruire l'Allemagne, voient avec plus d'horreur l'étendue du crime projeté et avec plus de lucidité sa démence. Ce n'est pas en jetant de la terre sur des cadavres, une formule insolente sur des siècles d'histoire et un vocabulaire sur des consciences qu'on annule ces puissances et qu'on empêche le phénomène nécessité par l'accumulation de leurs forces. Au cimetière de Chambière, devant un sable mêlé de nos morts, la piété pour les martyrs, la haine contre les Français qui mésusent de la patrie, l'opposition à l'étranger, tout cet ensemble de sentiments habituels aux vaincus et portés au paroxysme par le lieu, déterminent chez les deux pèlerins un mouvement de vénération. Leur cœur convainc leur raison des grandes destinées de la France et par un coup subit trouve ici son état le plus propre à recréer l'unité morale de la nation.

Alors depuis ces tombes militaires, l'imagination de Sturel et de Saint-Phlin se tourne vers quelques penseurs en qui ils distinguent la connaissance et l'amour des éléments authentiques de la France. La patrie, si on continuait à l'entamer, saurait trouver un solide refuge dans de telles consciences. Une demi-douzaine de ces hommes suffisent à conserver le bon ferment pour notre renaissance. Et par-delà les frontières que notre influence ne franchit plus, le verbe français où ils déposent des idées si fortes et si bienfaisantes conquiert encore des intelligences, de telle sorte que par leur action notre génie contraint à l'hospitaliser ces mêmes races qui avaient juré de l'anéantir.

Avec un sentiment filial qu'ils n'éprouvèrent jamais hors de Metz, les deux Lorrains appellent un soldat heureux pour qu'il adjoigne la force à ces glorieux civilisateurs. En même temps ils se rappellent que cette élite proclama toujours la gloire de la France intéressée étroitement à l'intégrité de tous les peuples ; qu'elle exigea un traitement de faveur pour toutes les idées d'outre-Rhin ; qu'elle considérait Strasbourg comme un dépôt de la pensée allemande où devaient s'approvisionner nos laboratoires intellectuels. Et ils ne trouvent point naïf de croire que par cette compréhension supérieure la France s'élève au plus haut degré dans la hiérarchie des nations et, pour reprendre le langage mystique du grand état-major allemand, demeure le soldat initié de plus près aux desseins de Dieu.

C'est ainsi qu'en sortant du cimetière
de Chambière, et d'un grand tumulte
du cœur, Sturel et Saint-Phlin associent
dans un acte d'élévation les noms illustres de la pensée française aux noms
obscurs des petits soldats sur la tombe
de qui, tête nue, ils viennent d'unifier
leurs intérêts individuels, leur hérédité
lorraine, la société française et l'humanité. La tristesse générale de ce paysage
asservi fait une magnifique atmosphère
à la moralité qui les remplit et qui communique à leur visage la dignité sérieuse
de ceux qui, après un deuil, se sentent
des responsabilités.

APPENDICE

I

IL NE FALLAIT PAS ÉMIGRER

Français, à vous juger sur certaines conversations et sur quelques articles des journaux que vous lisez, vous ne possédez pas une idée précise des conditions morales où vivent les annexés en Alsace-Lorraine.

Si les Alsaciens-Lorrains enduraient les brutalités qui dégradent l'Irlande, comme ils vous intéresseraient ! Leur misère vous emplirait d'émotion. Mais vous leur en voulez un peu de ce qu'ils ne sont point assis tout nus sur les décombres de leurs fermes. « Ah ! nous fûmes bien naïfs de tant applaudir, il y a vingt-cinq ans, les complaintes sur l'Alsace-Lorraine dans les cafés-concerts. » Et vous commencez de raconter quelque petit voyage que vous fîtes en Allemagne.

En traversant l'Alsace, vous avez vu depuis votre wagon des blés, des vergers, des vignes, des houblons, des bestiaux, du soleil et des gens bien vêtus ; dans Metz et dans Strasbourg, votre cocher vous montra de vastes monuments tout neufs où l'on n'a pas épargné la dépense ; les vieux indigènes vous parlèrent bonnement des tarifs douaniers, de la canalisation de la Moselle ou du Rhin, voire de la Comédie-Française. Un Allemand, pour qui vous aviez des lettres, vous traita avec courtoisie, et le soir, en buvant de la bière meilleure et moins chère que chez vous, vous pensiez simplement que nous sommes à plaindre d'avoir perdu de si riches provinces. « La victime, disiez-vous, c'est moi ! »

Après cela, vous avez poussé au delà du Rhin, en Allemagne. L'Empire allemand met en façade ce qu'il a de plus beau, sa puissante administration, et vous n'avez pas pu distinguer ce qui vous choquerait à l'usage, à savoir l'infériorité des mœurs allemandes. Cependant votre esprit s'élargissait : « Peste ! disiez-vous, ces Alsaciens-Lorrains sont annexés à une nation forte et ils profitent de bien beaux chemins de fer, de bureaux de poste incomparables, et d'une discipline supérieure. » Je ne dis pas que vous priez Guillaume de vouloir bien régner sur la France. Tout le monde ne cause pas avec l'Empereur. Mais, par un phénomène assez simple, vous vous imaginez savoir que les Alsaciens-Lorrains sont enchantés et qu'ils ne voudraient plus redevenir Français.

Eh bien ! mon cher voyageur, vos observations ne sont pas seulement d'une insipide trivialité, je les déclare fausses. Vous n'avez rien vu, rien compris. C'est à croire que vous pensez avec votre ventre plutôt qu'avec votre cerveau. Recommencez votre voyage au coin de votre feu, avec un René Bazin. Vous avez parcouru les rues et les brasseries : il vous mènera dans les maisons et dans les consciences.

Entrons chez les Oberlé. De bons bourgeois, un type de famille reproduit sur la terre d'Alsace à des milliers d'exemplaires. Ils habitent l'une de ces innombrables maisons riantes que vous avez vues de votre wagon ; ils exploitent une scierie.

Voici d'abord le grand-père. Il a été député protestataire après la guerre ; c'est aujourd'hui un vieillard, presque paralytique et aphasique; son demi-gâtisme n'a pas affaibli sa protestation. Dans sa retraite, il demeure intraitable et révolté contre la catastrophe qui le fit allemand.

Son fils, Joseph Oberlé, qui dirige aujourd'hui la scierie, était autrefois dans les mêmes idées irritées. Mais il s'est vu mené près de la ruine par la vigueur de l'administration allemande contre les « mauvaises têtes ». (Cette puissance, que vous admirez dans l'administration allemande fait d'elle un merveilleux instrument pour saisir et broyer qui lui déplaît.) L'égoïsme économique a triomphé en Joseph Oberlé du patriotisme, et, pour réparer la fortune de la famille, d'année en année, il est devenu conciliant. Aux prochaines élections, il pourra être candidat du gouvernement. C'est l'industriel ambitieux et fier de sa richesse ; c'est l'homme aux idées pratiques : « A quoi bon s'obstiner ! L'Allemagne est trop forte et la France se désintéresse de l'Alsace. »

Sa défection n'est pas allée sans souffrance; il a dû rompre des amitiés, des liens de toutes sortes. Sa femme est une Alsacienne, c'est-à-dire une épouse soumise et une mère excellente. Elle ne pardonne pas à son mari ses opinions nouvelles, mais son devoir est de se soumettre. Elle accepte de l'accompagner dans ses visites officielles, puisque son abstention lui nuirait. Elle souffre en silence. Pour épargner de tels tiraillements à son fils et à sa fille, Joseph Oberlé les fait élever en Allemagne.

Alors que la fille a pris goût à l'éducation cosmopolite de son pensionnat de Baden-Baden et que, tout occupée des trois langues qu'elle parle, de sa bicyclette, de son lawn-tennis, elle ignore la nationalité alsacienne, le fils a été poussé par un instinct secret à lire, à s'initier au génie de la France. Sa vie en Allemagne a produit un résultat tout

opposé à celui qu'attendait son père : il a
appris à mépriser et non point à haïr les
Allemands ; il a reconnu la générosité et le
goût du génie français en comparaison d'une
civilisation toute de discipline et d'érudition.
Ce jeune homme est froissé par la prédomi-
nance constante chez les Allemands de la
raison sur le cœur, par la dureté du frotte-
ment social, par leur absence de nuance et
de mesure dans les relations d'homme à
homme, par l'implacabilité et l'absolutisme
dans toutes les circonstances où son hérédité
de culture française voudrait du tact et de
la « gentillesse ». Enfin, le fatras de l'érudition l'écœure, car il a besoin inné de clarté
et de spontanéité.

Cette réaction d'un jeune Alsacien-Français
contre le germanisme (exagéré encore par
l'Impérialisme et par la Prusse), je vous la
décris exactement, mais en termes insuffi-
sants. C'est qu'il n'est pas facile d'éclairer
ces profondeurs de la conscience où se gardent les germes déposés par deux siècles de
culture française.

Joseph Oberlé destine son fils Jean à une
carrière dans l'administration d'Alsace-Lorraine. « Je me rallie pour vous, mes enfants;
j'en souffre, vous en aurez les bénéfices. »
Mais le jeune homme refuse ; il reprendra
plus tard la scierie. En attendant, installé
dans la maison paternelle, il parcourt les
coupes de bois, en compagnie d'un frère de
sa mère. Celui-ci l'oncle Ulrich, est un type
très fréquent. C'est l'homme qui hait les
Allemands, qui vit dans la montagne pour
les éviter et qui guette toujours l'heure où
paraîtra le premier pantalon rouge. C'est un
grand chasseur ; il a une longue-vue sur le
dos, « qui a vu le derrière des Prussiens à
Iéna ». D'ailleurs il n'agit pas. Que peut-il
il ? Il est *excellent et stérile*. Dans ses
promenades, le jeune Oberlé apprend à con-

naître son petit pays d'où son père l'avait écarté. Toutes les idées qui flottaient en lui deviennent fermes ; il veut être bon Alsacien, servir sa terre et ses compatriotes.

Malheureusement, l'époque approche où il doit son année de volontariat. Son père a choisi pour lui le plus brillant régiment de Strasbourg. Un officier de ce régiment brigue la main de sa sœur rencontrée dans un bal officiel. Ce projet de mariage est une grande souffrance pour le jeune Alsacien qui sent ce qu'il y a d'immoralité et de désastre dans un tel affront à la cause alsacienne. Lisez Bazin, lisez la grande scène dramatique où le vieil Oberlé, le grand-père qui se désespère de voir sa maison devenir allemande, ordonne à son petit-fils de partir. « Va-t'en ! » trouve-t-il la force de crier. Jean Oberlé passe la frontière.

Je ne vous raconterai point davantage le roman. Il vaut littérairement par le pathétique. Il vaut socialement par la vérité des types. J'aime moins son intrigue, faut-il le dire ? Il y a des rencontres, certain dîner, qui ne sont point possibles entre Alsaciens et Allemands ; et puis c'était inutile de compliquer par une désertion l'émigration de Jean Oberlé : il pouvait si paisiblement prendre le train avant que d'entrer au régiment ! Enfin, M. Bazin n'est point saturé et sursaturé d'Alsace, cela se sent. Mais la tragédie est fortement posée et je ne saurais assez dire avec quelle justesse d'accent dans l'émotion, avec quelle vérité, quelle loyauté dans les portraits.

... Je me retourne vers le voyageur qui, au début de cet article, trouvait nos annexés si heureux.

Tiens ! cette maison riante, ces beaux jeunes gens, cet industriel orgueilleux et solide, ce vieux grand-père vénérable, cette mère si douce, sereine, estimable ! Aurions-nous cru que tous ces types d'humanité moyenne cachaient un tel drame ? En effet si l'un des messieurs Oberlé est monté dans votre wagon et si vous lui demandez du feu pour votre cigarette, il ne vous a pas ouvert en même temps que sa boîte à allumettes son cœur. Mais, vous m'entendez bien, chez tous les Alsaciens, chez tous les Lorrains, il y a des puissances de drame. Dans chaque famille, et comprenez bien ceci, dans chaque conscience, il y a de la discorde. Dans chaque conscience ? Oui, c'est le plus grave. *L'opération politique qui consiste à détacher par force une province d'une nation et d'une civilisation, pour la transporter dans un autre groupe social, compromet l'unité morale de chacune des âmes annexées. L'annexion imposée obscurcit le devoir. Elle force à recourir aux casuistes.* Vous faut-il des exemples ? Quelle est la règle qui s'impose avec évidence à un Alsacien-Lorrain soldat allemand, en cas de guerre franco-allemande ? Manquera-t-il à son honneur de soldat allemand et désertera-t-il ? tirera-t-il sur ses frères français ? tirera-t-il sur ses camarades de chambrée allemands ?

Bazin nous a décrit une des tragédies de l'annexion ; la vie, avec ce qu'elle a de varié, de peu analogue, de spontané dans mille sens divers, crée en Alsace-Lorraine mille tragédies qui toutes naissent de ceci que nos soldats furent vaincus en 1870.

(Faisons en passant notre profit de cette observation et déclarons bien haut que la première sauvegarde de la moralité, c'est d'avoir des fusils, des canons, des soldats disciplinés et des chefs non contestés).

Là-dessus le Français à qui « l'on n'en fait pas accroire », celui qui a voyagé en Alsace et qui a constaté la germanisation, me ramène au principe de notre querelle :

— En tout cas, Bazin me donne raison.

Voilà ce Joseph Oberlé, un gros industriel, qui accepte le fait accompli et qui se fait Allemand. Voilà sa fille qui se désole de ne point épouser un officier allemand.

— Permettez, voyageur ! Cette petite pécore eût préféré un joli hussard de chez nous. Vous voyez bien qu'elle ne comprend rien à son fiancé allemand, pour qui elle est également une lettre close. Que Mlle Oberlé ne pense jamais à la France, il n'empêche que la pauvre innocente est préparée par deux siècles de culture française à sentir à la française. Il n'est pas mal du tout, son officier allemand. J'admire M. Bazin de n'avoir pas dégradé cet adversaire. C'est avant tout un solide compagnon, de bonne race guerrière, orgueilleux plus qu'on ne saurait dire, et par conséquent hautain, autoritaire, très brave en outre. Il faut savoir le point central d'un militaire prussien, sa fidélité absolue à son empereur. « Nous sommes les fidèles Germains. » Mais voilà ce qu'ignore, ce que ne peut pas sentir cette petite fille ; elle demeure stupéfaite de la brutale décision avec laquelle son fiancé la quitte pour jamais et court après le frère déserteur qu'il voudrait faire fusiller. Avec un officier français, il y aurait eu, je crois, des accommodements: peut-être une certaine générosité envers la jeune fille eût-elle été comprise, excusée, conseillée même par les camarades de l'officier ; peut-être le cas d'un vaincu qui retourne à sa patrie d'origine n'eût-il pas jeté le déshonneur sur une sœur amoureuse.

Cette générosité large et qui nuance ses jugements selon les cas, la jeune Oberlé l'espérait : c'est que ses sentiments ne s'accordent point avec l'intraitable « fidélité » allemande: c'est qu'elle est Française.

Quant au père, Joseph Oberlé, je ferais injure à mes lecteurs si je croyais utile de leur démontrer qu'il fait l'Allemand par intérêt, mais qu'il en est fort contrarié, honteux, et jusqu'à en souffrir. En tous pays, nous connaissons les ralliés. Ah ! que les pantalons rouges apparaissent aux défilés de Saverne qu'immortalisa Turenne, et ce candidat officiel au Reichstag redeviendra un fameux Français. Et personne, dans cette embrassade générale, ne voudra lui faire d'affront. D'autant qu'il déploiera un zèle ! Après tout, ce Joseph Oberlé, c'est quelqu'un comme Ugolin qui mangeait ses enfants pour leur conserver un père : il trahit la France pour qu'un Français garde une autorité sociale en Alsace.

Et je ne jurerais point que Joseph Oberlé se trompe ! Peut-être l'histoire, qui ne considère que les résultats, saura-t-elle plus de gré aux Alsaciens qui maintinrent en Alsace le sang alsacien, et, par suite, la culture française, qu'à ceux qui se replièrent sur la France.

Il obéit à son grand-père, le vaincu de 1870, plus qu'à son instinct propre et à sa confiance dans la vie, ce noble jeune homme qui passe la frontière et se réfugie chez nous. Certes, nous l'accueillons avec une grande sympathie, parce que nous avons besoin de ces bonnes races de l'Est qui manquent d'éloquence et qui prennent le temps de penser avant de parler, mais la scierie passera aux mains des Allemands ! A-t-il réfléchi là-dessus avec une parfaite abnégation ? Une influence germanique se substituera sur les pentes de Sainte-Odile à une famille terrienne, pleine, qu'elle le sache ou non, des forces et des voix de la France. Jean Oberlé, généreux garçon que je salue avec respect, voulez-vous être un héros ? Ne quittez point l'Alsace ! — « Eh ! dit-il, qu'y puis-je faire d'utile, humble suspect en face d'un empire colossal ? » — Je ne vous demande point d'agir, mais seulement de vivre. Je ne vous demande même point de protester, mais naturellement chacune de vos respirations sera une respiration rythmée par

deux siècles d'accord avec le cœur français.
Demeurez un caillou de France sous la botte
de l'envahisseur. Subissez l'inévitable et
maintenez ce qui ne meurt pas.

II

LA CONSCIENCE ALSACIENNE

Je causais avec Stanley : « Dans ma traversée de l'Afrique, me dit-il, au milieu d'immensités que désole une perpétuelle anarchie, un petit chef me rendit de véritables services. Pour les reconnaître, à ce noir sympathique et à son entourage (des gens bien incapables de s'inventer une religion), je donnai le christianisme. Ils en comprirent ce qu'ils purent, mais ce fut fait de l'anarchie : ils avaient dès lors un lien social. Aujourd'hui le petit chef règne sur un vaste territoire où le cadeau d'un passant a mis une façon d'unité morale... »

J'aime ce fait que m'a fourni un homme, un véritable homme et non point un idéologue, mais un dur Anglais positif. Les plus humbles des nègres et nous-mêmes, si nous voulons vivre en société (et hors de la vie sociale, rien que terreur, ignorance et misère), il faut d'abord que nous ayons en commun quelque sentiment qui ne soit plus discuté, qui donne une prise et qui permette à telles paroles, à tels actes d'accorder soudain toutes nos âmes. Autour de la vérité fournie par Stanley, pour peu qu'elle s'adapte à la race et au climat, une tradition, une civilisation indigènes ne manqueront point de se former. Il n'y faut que de l'esprit de suite.

Hélas ! cette tradition, mille causes venues du dehors peuvent la gâter, la détruire...

On écrirait un beau livre sous ce titre :
« Comment les nations finissent ! » Mais
d'abord on voudrait savoir sur quoi elles se
fondent. De quoi sont faites la conscience
française ou l'allemande ou l'anglaise ? Nul
principe général. C'est une série de cas ou
d'espèces.

Il y a bien des manières, pour un pays, de
posséder l'unité morale. Le plus souvent, des
institutions traditionnelles ou bien une dynastie fournissent un centre, fixent une direction, lient tous les mouvements, accordent
les efforts (comme si un plan avait été combiné par un cerveau supérieur) et inspirent
enfin les sentiments de vénération nécessaires
pour qu'un individu accepte de se subordonner. D'autres fois, certaines collectivités
arrivent à prendre conscience d'elles-mêmes
organiquement ; c'est le cas pour l'anglosaxonne et la teutonique, qui sont de plus en
plus en voie de se créer comme races.

Les Alsaciens ne sont pas liés entre eux par
quelque attachement à des institutions ou à
une dynastie indigènes, ils ne se connaissent
pas comme une race particulière : et pourtant il y a une conscience alsacienne !

C'est que, dans la souffrance, les peuples
naissent à la vie morale, s'unifient et se resserrent sur leurs réserves héréditaires. Sous
le dur sabot du cheval de Napoléon, l'Allemagne s'éveilla, se définit, lia ses mouvements ;
de même l'Italie du Nord sous l'Autriche. La
conscience des antiques populations qui habitent la marche d'Alsace, s'est formée, s'est
condensée, dirais-je, sur un territoire bien
défini que pressent alternativement les Celtes et les Germains. C'est au milieu des plus
brutales émotions que les Alsaciens ont pris
une claire connaissance commune de leurs
ressources, de leurs besoins, de leur centre
et de leur but. Une claire connaissance ou
parfois rien qu'un vif sentiment. C'est assez

S.

pour faire une unité morale. Elle durera tant que les Alsaciens considéreront leur libre disposition d'eux-mêmes comme favorable à leur bien-être et à leur honneur, tant qu'ils jugeront qu'à renier leur nationalité, ils se diminueraient.

Cette volonté de vivre, ce petit pays l'a eue à travers les siècles, mais depuis trente-trois ans, chaque jour, elle va parlant plus haut et plus clair. Jadis notre territoire était sectionné en une multitude de comtés, seigneuries, prévôtés, bailliages, évêchés, abbayes, villes libres et terres nobles ; puis nous nous fondimes avec complaisance dans les destinées françaises: aujourd'hui les Alsaciens se connaissent comme les citoyens d'une même patrie. Ils aspirent à régler eux-mêmes leurs intérêts matériels, et, pour maintenir les conditions les plus favorables à leur culture morale, ils ne voient rien de mieux que de se rattacher à la terre de leurs morts. Dans leurs âmes, leur nationalité est si vivante que la pire injure, c'est s'ils disent à l'un d'eux : « Tu n'es plus un véritable Alsacien. » Que l'univers déclare s'il a vu jamais, dans aucun siècle, aussi clairement que dans la minute présente, le caractère, le rôle et la volonté de cette petite Alsace qu'il admire et qui le gêne ?

On voudrait marquer, définir, aider (le tout, brièvement, mais on y reviendra) cette conscience collective de l'Alsace ; on voudrait donner leur plein sens à deux institutions récentes : *la Revue alsacienne illustrée* et *le Musée alsacien*, qui sont à la fois des témoignages et des moyens de cette persistance nationale.

La Revue alsacienne illustrée.

Il ne faut point oublier que notre vie alsacienne est un phénomène assujetti à des conditions déterminées, à celles-là mêmes, qui, durant des siècles, présidèrent à notre formation ; aussi, pour un patriote alsacien, quelle tâche plus utile que de marquer ces nécessités et de nous incliner à les aimer ?

A cette tâche, sans raideur ni pédanterie, la *Revue alsacienne illustrée* s'emploie. Elle se propose d'être un cours d'éducation alsacienne complète. Elle ramène notre imagination jusqu'à la préhistoire. Elle convie les anthropologues à nous exposer de quelles race se peupla d'abord le sol de la vallée rhénane, et comment ces premiers Alsaciens, qui étaient des Celtes, s'attaquèrent, pour les dominer, aux forces naturelles qui nous pressent encore. Mais, fort justement, c'est aux périodes modernes que la revue s'attache de préférence, car nous avons nos plus pressants devoir envers les générations dont nous sommes les héritiers immédiats : il faut que nous mettions aux mains de nos fils un bagage reçu de nos pères, qui le tiennent eux-mêmes d'une chaîne obscure, infinie

Biographies des Alsaciens qui se firent remarquer dans les arts, dans les sciences, dans l'industrie. dans la politique, à la guerre ; descriptions géographiques ou pittoresques de notre terre ; détails sur les coutumes et sur l'art indigènes ; nécrologie au jour le jour de nos notables : tout doit servir, car de quoi s'agit-il, en somme ? Il s'agit, ne l'oublions point, de favoriser chez les enfants alsaciens toutes les influences familiales, régionales, historiques et professionnelles : il s'agit de les raciner dans la terre de leurs morts. Ils n'en tireront point une règle expresse, mais une sorte de piété infiniment riche et vibrante, une orientation qui, sans les contraindre, leur désignera leur honneur propre.

La *Revue alsacienne* a le bon sens d'accumuler des faits alsaciens et de laisser le lecteur subir paisiblement l'action de ce climat moral qu'elle lui compose ou restitue. Elle vaut comme une enquête indéfiniment ouverte, mais elle évite de conclure par un système du parfait Alsacien. Aussi bien, la tradition alsacienne (non plus qu'aucune tradition) ne consiste point en une série d'affirmations dont on puisse tenir catalogue, et, plutôt qu'une façon de juger la vie, c'est une façon de la sentir : je la définirais volontiers une manière de réagir commune en toute circonstance à tous les Alsaciens.

Il y a une discipline alsacienne,— disons le mot : une épine dorsale alsacienne. Celui qui naît entre les Vosges et le Rhin, d'une longue suite de générations toutes dressées par les mêmes conditions de vie, est physiquement prédisposé à sentir les choses d'une certaine manière. Les morts lui ont créé une sorte d'automatisme moral. Même s'il quitte ses tombeaux, il ne sera pas nécessairement un déraciné ; où qu'il aille et plongé dans les milieux les plus dévorants, il demeurera la continuité de ses pères et, pendant un long temps encore, participera de la conscience alsacienne.

Le Musée alsacien.

Dans les profondeurs de cette conscience alsacienne, il y a plus de ressources qu'on n'en peut amener sous le jour de la raison. Certains mots éveillent chez un digne Alsacien un si grand nombre d'idées que c'est comme le bruissement de la forêt sous un coup de vent ; mais, plus profondément encore que ne feraient les mots, certaines images, tels paysages, tels objets, peuvent ébranler en nous des pensées flottantes, des songes sans forme, des aspirations indéterminées, tout le pêle-mêle qui sert de support à notre âme raisonnante. Aussi des chapitres d'histoire, des biographies, des portraits de nos illustres morts, bref la *Revue alsacienne illustrée*, c'est parfait, c'est indispensable. Mais, pour émouvoir, notre vénération déjà avertie, instruite, rien ne vaut la figure même de l'Alsace.

Il n'est point de patriote complet, s'il n'a erré avec familiarité sur les routes et dans les sentiers de la plaine et de la montagne et dans les rues de nos villages. Le terroir nous parle et collabore à notre conscience nationale aussi bien que les morts. C'est même lui qui donne à leur action sa pleine efficacité. Les ancêtres ne nous transmettent intégralement l'héritage accumulé de leurs âmes que par la permanence de l'action terrienne. C'est en maintenant sous nos yeux les ressources du sol alsacien, les efforts qu'il réclame, les services qu'il rend, les conditions enfin dans lesquelles s'est développée notre race forestière, agricole et vigneronne, que nous comprendrons comme des mots nos traditions nationales.

La maison, les ustensiles, les costumes, établis selon un type traditionnel, avec des matières du pays, ont été lentement appropriés à toutes nos nécessités par le climat, par les coutumes, par les besoins de la vie. Témoins sincères de notre passé, ces objets insensibles nous disent sans erreur, quelles furent chez nos ancêtres les manières de vivre et de chercher le bonheur. Il est nécessaire de les recueillir. Le patriotisme, en tous pays (à Bâle, dans Arles, à Nuremberg), s'appuie sur l'ethnographie, science qui se propose de décrire méthodiquement les peuples. Et voilà pourquoi, à Strasbourg, de fervents Alsaciens viennent de créer le

Musée alsacien, qui double et complète la *Revue alsacienne illustrée*.

Marquons-le d'abord avec force : on ne veut point assembler dans des vitrines des objets beaux ou pittoresques ; on veut reconstituer des milieux et des scènes de la vie alsacienne pour fournir un tableau fidèle des coutumes de l'Alsace.

Des organisateurs du *Musée alsacien* parcourent le pays..et dans chaque village ils répètent :

— N'avez-vous pas quelques objets qui vous viennent de famille et dont vous ne fassiez rien : des outils, des armes des meubles, des habits du temps passé ?

— Oh ! nous n'avons rien de rare.

— Voulez-vous que nous montions dans votre grenier ?

Dans les premiers mois, avant que les séries commençassent à se constituer, on n'en descendait jamais les mains vides. Et, notons-le en passant, maintes fois les plus pauvres gens, puisque c'était pour faire aimer l'Alsace, refusèrent qu'on les payât. Ils disaient :

— Emportez ! nous serons assez contents si c'est dans le Musée.

Bien que l'ethnographie ne cherche ni la beauté ni le pittoresque, il arrive presque nécessairement que ces collections enchantent les artistes, car ce qui fut adapté à un usage précis, durant une longue suite de temps, chez un peuple noble, ne saurait manquer de style. Telles quelles, d'ailleurs, ces vieilles choses ébranlent la piété filiale, la vénération d'un Alsacien. Les gens du peuple ne sont pas prêts pour juger et comprendre les tableaux et les sculptures; mais quand ils voient dans un musée un objet dont usaient leurs grands-pères, ils se le montrent avec un attendrissement secret et ils disent : « Nous sommes d'une nation à part, puisque ces anciens costumes, cette bûche, ce rouet, ces images de baptême arrêtent l'étranger ! » Voilà des passants devenus songeurs et qui sentent le fil de la race.

Celui qui visite la vieille maison du quai Saint-Nicolas est d'abord arrêté par la façade ornée d'une échauguette et couronnée d'un toit immense, qui date de la fin du xvi° siècle. La cour pittoresque avec ses galeries circulaires en bois lui offre un exemple tout à fait typique de l'architecture alsacienne. Il parcourt l'immeuble, dont certaines parties remontent au xvi° siècle ; il examine tous ces objets usuels et familiers, ces meubles ornés de peintures, de marqueteries ou d'incrustations, ces poêles de faïence peinte, ces armes à devises, ces pots à vin en faïence blanche et ces canettes en étain, ces moules à gâteaux ou à fromages, ces coiffes de paysannes qui permettent de reconstituer toute l'histoire à travers les âges du fameux «nœud alsacien », ces nombreux costumes féminins de soie, de velours, de toile, lamés d'or ou d'argent, brodés de paillettes, égayés de dentelles... Il est amusé et instruit. Une petite heure de plaisir vient de le renseigner, mieux que ne le ferait toute une vie de lecture sur la civilisation matérielle en Alsace, sur notre « culture des sens » si admirée des Allemands, qui rangent sous cette expression l'architecture, l'ameublememt, la tenue des maisons, l'art culinaire et toutes les commodités.

Pénétrer ainsi dans la demeure close et, je puis dire, dans l'intimité de nos notables, de nos bourgeois et de nos paysans, pour un étranger, c'est un magnifique divertissement : c'est sortir de soi-même. Mais pour un Alsacien, c'est mieux encore, c'est se replier sur soi-même.

Repliement qui n'est point vain attendrissement ou sommeil, mais reprise d'énergie au contact de nos morts. Nous sommes les prolongements de nos parents. Pour fortifier notre personnalité, il faut nous placer dans une suite et nous tenir liés à ceux de qui nous avons hérité. Il importe à notre santé morale que nous laissions les concepts fondamentaux de nos morts parler en nous. Comment mieux les entendre que si nous maintenons les conditions de vie où ils se développèrent eux-mêmes ?

Cet humble trésor familier de l'Alsace, pendant une longue suite de siècles, à travers mille vicissitudes, nos pères le constituèrent. Il ne nous aide point seulement à connaître son roi et sa reine, l'Alsacien fier et tenace, l'Alsacienne ordonnée et tendre. Il nous élève au-dessus de la minute présente, au-dessus de notre courte destinée et des misères passagères. En nous rattachant à toute la lignée des ancêtres, il nous enseigne que nous sommes les héritiers d'une longue gloire. De grandes et puissantes nations, aujourd'hui favorisées, n'existaient pas encore, que déjà l'Alsace aidait à la civilisation générale. Il est bon qu'un peuple s'estime à sa juste valeur, pour qu'il refuse de subir des influences parfois inférieures. Quand les Alsaciens voient leur supériorité que nul ne conteste, ils sentent grandir leur contentement intérieur et aussi leur volonté de demeurer Alsaciens.

Ces objets inanimés, dans ces salles silencieuses, semblent baignés d'une quiétude comparable à la paix où reposent nos morts. Ils vont pourtant vivifier nos âmes. C'est ici notre maison paternelle à tous, c'est ici l'atmosphère où se prépara l'héritage de vertus dont il faudra qu'à notre tour, sous peine de déshonneur national, nous transmettions à nos fils le vivace dépôt.

TABLE

Une nouvelle position du Problème Alsacien-Lorrain 5
La magnifique Alsace toujours pareille et toujours diverse 34
La pensée de Sainte-Odile. 47
Comment l'activité éternelle de l'Alsace s'adaptera-t-elle aux circonstances présentes ? 54
Metz 62

Appendice

I. Il ne fallait pas émigrer 80
II. La conscience alsacienne. . . . 88
    La Revue Alsacienne illustrée . . 90
    Le Musée Alsacien. 92

Mayenne, Imp. Ch. COLIN.

www.ingramcontent.com/pod-product-compliance
Lightning Source LLC
Chambersburg PA
CBHW071313040426
42444CB00009B/2001